Dieses Büchlein ist meinem hochverehrten Lehrer Sri Ganapathi Sachchidananda Swamiji gewidmet.

Susanna Sarasin

Erinnere dich an deine Heimat, liebes Seelenkind

Die Deutsche Nationalbibliothek verzeichnet diese Publikation in der Deutschen Nationalbibliografie; detaillierte bibliografische Daten sind im Internet über http://dnb.dnb.de abrufbar.

© 2015 Susanna Sarasin

Herstellung und Verlag: BoD – Books on Demand, Norderstedt
ISBN: 978-3-7386-2766-4

Inhaltsverzeichnis

Vorwort 7
Teil A - Eine neue Welt öffnet sich 11
1 – Probleme beim Vermitteln von inneren Erfahrungen 12
2 – Der Beginn meiner spirituellen Reise 15
   2.1 – Todesängste 15
   2.2 – Der „Zufall" hilft nach 17
3 – Über Zufall, Schicksal und freie Entscheide 22
   3.1 – Mein Fokus bestimmt mein Erleben 22
   3.2 – Wahrscheinlichkeiten und freie Wahl 29
   3.3 – Beschränkte Wahl 34
      3.3.1 – Einschränkende Faktoren allgemeiner Art 34
      3.3.2 – Ängste 37
      3.3.3 – Traumen 40
      3.3.4 – Wie frei sind wir nun also wirklich? 45
      3.3.5 – Einschränkung als Teil jeder Entwicklung 49
      3.3.6 – Einschränkung als Basis für Entwicklung 51
      3.3.7 – Zwischenbilanz der bisherigen Kapitel 53
4 – Meine Reise durch die Welt der Esoterik 56
   4.1 – Bücher und Kurse 56
      4.1.1 – Erfahrungen 56
      4.1.2 – Tücken von Büchern und Kursen 62
   4.2 – Orientierung im Dschungel der Angebote 65
      4.2.1 – Tücken der Wahlfreiheit 65
      4.2.2 – Wie bewahre ich einen Überblick? 68
      4.2.3 – Innere Führung 70

Teil B - Zwei Welten kommen zusammen 73
5 – Mein Ausgangspunkt für Lernerfahrungen 74
6 – Belastungen und Ressourcen 77
   6.1 – Einführung 77

6.2 – Meine Zeit als Lehrerin 77
6.3 – Meine Zeit an der Uni 80
    6.3.1 – Krise 80
    6.3.2 – Wahrnehmung 82
    6.3.3 – Meine verschobene Wahrnehmung 87

7 – Wege aus der Krise 89
    7.1 – Therapie 89
    7.2 – Mediale Beratung 90
    7.3 – Mein Studium 91
    7.4 – Heinrich Hrdlicka 92

8 – Mein Menschen- und Weltbild 95
    8.1 – Bewusste und unbewusste Überzeugungen 95
    8.2 – Mein Modellbild des Menschen 98

Teil C - Die Integration der beiden Welten 103

9 – Beginn der Ganzwerdung 104
    9.1 – Swamiji 104
    9.2 – Zufall oder Schicksal oder freie Wahl? 107
    9.3 – Das Eröffnen meiner Praxis 110

10 – Lernprozesse im Rahmen der Ganzwerdung 118
    10.1 – Voraussetzungen für spirituelle Lernprozesse 118
    10.2 – Effekte des Prozesses in meinem Alltag 121
    10.3 – Effekte des Prozesses in meiner Therapiearbeit 125

11 – Schlussbetrachtungen und Ausblick 129

Anhang 130
    A. Glossar 130
    B. Sri Ganapathi Sachchidananda Swamiji 132
    C. Literaturverzeichnis 134
    D. Bände 1 und 2 136

Vorwort

Was für ein erhebendes Gefühl: eben gerade konnte ich den zweiten Band meiner Bücherreihe beenden. Besonders das achte und letzte Kapitel erwies sich dort als Knacknuss. Es enthielt die für mich zentrale Botschaft des Büchleins und sollte deshalb gut verständlich und einleuchtend sein. Damit ich meine Ziele tatsächlich erreichte, liess ich das Geschriebene den kritischen Blicken meines Bruders Charles unterziehen. Er stand mir schon seit Wochen hilfreich zur Seite, lektorierte, kommentierte, gestaltete und formatierte. Meinen ersten Wurf von Kapitel 8 fand er zwar interessant, deckte aber unbarmherzig allerlei Gedankensprünge auf. Ebenso fand er Formulierungen, welche Missverständnisse provozierten. Etwas perplex über so viel Kritik analysierte ich die Seiten akribisch, die mir vorher so gelungen erschienen waren. Und siehe da: er hatte Recht.

Zum Glück war ich bereits geübt im Verwerfen und neu Erarbeiten von Texten. So liess ich mich nicht entmutigen, sondern vertraute meiner kreativen Seite und wartete auf eine gute Eingebung. Und tatsächlich: unvermittelt kam mir die Idee für eine Metapher, welche dem Kapitel einen roten Faden geben und meine Aussagen illustrieren sollte: das Risotto-Kochen. Je länger ich jedoch darüber nachdachte, umso mehr Zweifel beschlichen mich. Eignete sich dieses Bild wirklich? Doch es blieb hartnäckig in meinem Kopf hängen und liess sich nicht wegschieben. Also dachte ich das Ganze mehrfach durch. Mit der Zeit fand ich immer mehr Gefallen an den Möglichkeiten, wie ich mit dem Risotto-Kochen auf lebendige und einfache Art und Weise etliche Gedanken veranschaulichen konnte. Gleichzeitig entlarvte ich auch Fehler und Ungenauigkeiten in meinem Denken. Dies bescherte mir einiges Kopfzerbrechen, denn ich musste nun meine Gedanken soweit durcharbeiten, bis ich schliesslich alle Zusammenhänge in ihrer ganzen Tiefe verstand. In der Folge fand ich eine Form von Kapitel 8, die mich überzeugte und die mir gefiel. Auch Charles fand die neue Fassung gelungen. Somit war Band 2 endlich geboren. Durch das Schreiben hatte ich viel gelernt und mein vorhandenes Wissen teilweise erheblich vertieft und differenziert. Ich war zufrieden.

Doch wie man so schön sagt: jedes Ende ist ein neuer Anfang. Drei Tage später sass ich in der Küche, und plötzlich überkam mich ein seltsames Gefühl. In meinem Inneren erschien mit grosser Klarheit ein Bild, verbunden mit Körperempfindungen. Mit jeder Faser meines Gewahrseins konnte ich in einer völlig neuen Form wahrnehmen, was ich im Grunde genommen in Kapitel 8 bereits aufgeschrieben, zu diesem Zeitpunkt aber offensichtlich nur „oberflächlich" verstanden hatte. Ich erkannte in diesem Augenblick die tiefe Wahrheit der dort gemachten Aussagen. Gleichzeitig wusste ich, dass es unmöglich war, das eben Erlebte in Worte zu fassen und diese innere Klarheit weiterzugeben. Ich konnte meinen Zustand zwar beschreiben, für einen Leser oder Zuhörer blieb es aber lediglich eine Beschreibung. Die vertiefte Erkenntnis – das sah ich nun deutlich – muss jeder Suchende schlussendlich selbst erarbeiten. Das bedeutet harte „Knochenarbeit". Wie diese aussehen kann, habe ich in den ersten beiden Büchlein bereits teilweise beschrieben. In Band 3 soll nun eine Vertiefung des Ganzen erfolgen. Somit ist es sicher von Vorteil, wenn du, lieber Leser, die Bände 1 und 2 schon kennst (s. Anhang).

Obschon ich bereits zwei Bücher verfasst hatte, war das Schreiben von Band 3 für mich eine ganz neue Herausforderung: im Gegensatz zu vorher wusste ich beim Schreiben nämlich nie im Voraus, wo der Weg durchgehen sollte. Ich hatte zwar eine gewisse Vorstellung, welche Themen ich anschneiden wollte, aber welches Material (Wissen, Vorstellungen, Hypothesen, Erfahrungen etc.) ich schliesslich in welcher Form zu Papier bringen würde, war mir nicht klar. Allerdings fühlte es sich so an, als bestünde irgendwo in mir schon ein vollständiges Konzept. Doch dieses war für mich nur teilweise fassbar und musste somit während des Schreibens entrollt werden. Ich machte mich also einfach auf eine Reise, im Wissen, dass mir mein hoch verehrter geistiger Lehrer Sri Ganapathi Sachchidananda Swamiji (s. Anhang) dabei zur Seite stehen würde.

Du, lieber Leser, bist eingeladen, an dieser Reise teilzunehmen. So kann ich drei Ziele verfolgen:

a) Da alle meine „Reisen" – sei es die spirituelle Arbeit, meine Lebensführung, meine berufliche Entwicklung oder anderes – untrennbar mit meiner Beziehung zu meinem geistigen Lehrer Swamiji zusammenhängen, beschreibe ich letztere, so gut wie es mir mit Worten möglich ist. Damit erfülle ich den Wunsch vieler Menschen, die mich fragen, was mir diese Verbindung bedeutet, wie ich sie erlebe, wie ich mit ihr umgehe etc.
b) Indem ich meine inneren Zustände und Prozesse so genau wie möglich zu beschreiben versuche, möchte ich dem Leser ein Bild vermitteln, wie ein spiritueller Weg aussehen kann.
c) Weil ich davon ausgehe, dass andere Menschen ähnliche Dinge erleben, helfen diese Zeilen möglicherweise, den eigenen Weg besser zu verstehen.

Jetzt werfen wir noch einen kurzen Blick auf den Titel dieses Buches: „Erinnere dich an deine Heimat, liebes Seelenkind". Diese Aufforderung führt mich im Grunde genommen wieder zu meiner Kernfrage in Band 1 zurück. Sie lautet: „Wer bin ich?". Wenn ich es mir genau überlege, bin ich in diesem Punkt nicht erheblich weiter gekommen: ich weiss es noch immer nicht. Wenn ich die Sache aber ein bisschen differenzierter betrachte, kann ich zum Glück feststellen, dass ich doch nicht ganz an Ort getreten bin. Vieles ist mir klarer geworden, einzelne Zusammenhänge beginne ich vertieft zu verstehen. Aber all dies reicht noch immer nicht aus, um zu wissen, wer ich effektiv bin. Also versuche ich im vorliegenden Buch, mich meiner zentralen Frage aus einer anderen Richtung zu nähern. Kann ich mich nämlich an meine Heimat, also an die Seelenebene, erinnern, dürfte ich auch erkennen, was ich als Seele bin. Folglich brauche ich nun Strategien, um mir meiner Heimat bewusst zu werden. Zwei Möglichkeiten erachte ich als erfolgsverheissend:
- *Strategie 1*: ich mache meine spirituellen Übungen und taste mich Schritt für Schritt vorwärts, nehme eine Stufe um die andere, bis mein Verständnis so weit gewachsen ist, dass ich erkenne.

- *Strategie 2*: ich gehe rückwärts. Nachdem ich ja von meiner Heimat auf die Erde gekommen bin, kann ich einfach versuchen, mich an diesen Weg zu erinnern. Dann komme ich nämlich gezwungenermassen wieder an meinen Ursprung zurück.

Was in der irdischen Dimension unmöglich ist, erlaubt mir die geistige Dimension sehr wohl: ich kann beide Strategien gleichzeitig nutzen, also vorwärts und rückwärts zugleich gehen. An beiden Reisen möchte ich dich, lieber Leser, gerne teilhaben lassen. Vielleicht kannst du bei der Lektüre dieser Seiten nicht immer alles nachvollziehen. Doch keine Sorge: etwas in dir verfügt über ein grosses Wissen und wird folglich verstehen. Irgendeinmal wird dieses vorhandene Wissen für dich fassbar werden. Mit diesem Buch möchte ich es aktivieren und somit seine Entfaltung beschleunigen.

Hast du Lust auf dieses Experiment?

Wenn ja, dann wünsche ich dir eine gute Reise durch die weiteren Kapitel dieses Buches. Damit die Lektüre für dich möglichst genussvoll und erbaulich ist, möchte ich dir zuvor den Aufbau des Buches erklären:

Aufbau des Buches

Dieses Buch ist möglicherweise nicht immer ganz einfach zu lesen. Es soll auch nicht ein Geschichtenbuch sein, sondern ein Arbeitsbuch. Eigentlich sind es drei kurze Bücher in einem: jeder Teil steht für sich, aber gleichzeitig haben sie alle miteinander zu tun.

Teil A beschreibt meinen Weg, der mich zur Esoterik und Spiritualität führte. Ebenso erfährst du, lieber Leser, welche Entdeckungen ich durch diese für mich neue Welt machte. In *Teil B* lege ich dar, wie ich zur Einsicht kam, dass ich meine Alltagswelt mit der spirituellen Welt verbinden muss. *Teil C* handelt dann von meinen Bemühungen, aus diesen zwei Welten ein Ganzes zu machen.

Nun möchte ich aber mit dem eigentlichen Buch beginnen. Damit du dich gleich orientieren kannst: wir beginnen die Reise mit einer ersten Exkursion nach Rückwärts. Wir werden also versuchen, unseren Weg auf diese Erde nachzuvollziehen.

Teil A

Eine neue Welt öffnet sich

1 – Probleme beim Vermitteln von inneren Erfahrungen

Bevor ich mit der eigentlichen Reise beginne, möchte ich ein Problem thematisieren, das meines Erachtens für den Wert des Inhalts in diesem Buch entscheidend ist. Je nachdem, wie ich damit umgehen kann, wirst du, lieber Leser, mehr oder weniger von der Lektüre profitieren. Auf dieses Problem habe ich bereits im Vorwort hingewiesen:

Wie beschreibt man ein Erlebnis, so dass der andere es nachvollziehen kann? Das ist für mich eine wichtige Frage, auf die ich wahrscheinlich nur eine unvollständige Antwort habe. Der springende Punkt ist folgender: mein Ziel ist es, mit diesen Zeilen einen Eindruck meiner spirituellen Welt zu vermitteln. Viele meiner Einsichten beruhen aber auf inneren Erfahrungen, die ich schwer in Worte fassen kann. Möglicherweise gibt es dafür eine Lösung, welche ich in den Kapiteln 2.2 und 4.1.1 diskutieren werde.

Um mein Problem verständlich zu machen, schildere ich hier eine weitere Erfahrung:

Seit einigen Wochen geniesse ich regelmässig Massagen von einem jungen Mann, der sowohl kräftige Hände hat als auch sehr feinfühlig ist. Dank ihm halten sich meine Rückenbeschwerden sowie die Ischias-Schmerzen in einem erfreulichen Rahmen. Wir pflegen mittlerweile eine sehr freundschaftliche Beziehung, so dass wir beide von den „Baustellen" im Leben des anderen wissen. Zwischen uns herrscht also eine gute Offenheit. So kann ich auch jederzeit meine Wünsche anbringen und ihm erklären, wie seine Techniken noch wirksamer eingesetzt werden können. Dadurch lernt er, mit tieferen Schichten zu arbeiten. Ich wiederum profitiere natürlich von einer wundervollen Körperbehandlung. Diese dient nicht nur dazu, verspannte Muskeln zu lösen. Inzwischen nutze ich solche Behandlungen noch in einer ganz anderen Art und Weise. Schon vor längerer Zeit hatte ich nämlich entdeckt, dass ich bei gewissen Formen von Körperarbeit spirituelle Bereiche zu erkunden vermag, die mir sonst in dieser Form wohl kaum so leicht zugänglich wären. Wie dies genau funktioniert, weiss ich nicht, die Wirkung ist aber teilweise erstaunlich.

Nun lag ich also wieder einmal da und liess mich verwöhnen. Weil die vergangene Woche anstrengend gewesen war, fühlte ich mich sehr müde und hatte Mühe, nicht einzuschlafen. Als der junge Mann als Abschluss meine Füsse bearbeitete, sank ich so tief, dass ich meinen Geist kaum wach zu halten vermochte. Doch eine innere Stimme forderte mich eindringlich auf, sehr aufmerksam zu bleiben. So gut ich konnte, konzentrierte ich mich auf die massierenden Finger an meinen Füssen. Plötzlich wurde es in mir ganz hell: ich wusste, dass ich jetzt in Kontakt mit meiner Lebensenergie stand, welche im innersten jeder Zelle steckt. Woher dieses Wissen kam, war mir nicht klar, aber ich erkannte deutlich: es war einfach so. Meine Füsse wirkten unter den Händen des jungen Mannes sehr hell, und diese Helligkeit begann sich im ganzen Körper auszudehnen: ich spürte überall mein Innerstes.

Während ich so dalag, überkamen mich tiefe Freude und Dankbarkeit. Es war eine eigenartige Empfindung: die Hände des Masseurs schienen effektiv mit meinem Innersten Kontakt zu haben. Mir wurde aber sogleich klar, dass er es nicht wahrzunehmen vermochte. So nahm ich diesen Zustand einfach in mich auf und überlegte mir, wie ich ihm mitteilen konnte, was hier vor sich ging. Da sich mein Erlebnis nicht wirklich in Worte fassen liess, behielt ich es schliesslich für mich.

Doch die Frage blieb in mir bestehen: wie kann ich meinen Mitmenschen vermitteln, was da tatsächlich im Innersten unseres Körpers zu finden ist? Selbstverständlich ist es möglich, dies zu beschreiben, wie ich es eben gerade gemacht habe. Aber für den Leser oder Zuhörer bleibt es Theorie. Er sieht und spürt das Licht trotz meiner Worte wahrscheinlich nicht.

Mein Problem liegt also auf der Hand: ich möchte in diesem Buch über Erfahrungen berichten, die mich tief berührten. Gleichzeitig weiss ich, dass ich nicht kontrollieren kann, wie das Geschriebene von meinen Lesern verstanden wird. Wer Band 2 gelesen hat, soll sich das Wissen über die Entwicklung von Begriffen in Erinnerung rufen. Hier wurde deutlich, dass unsere Wahrnehmung und Verarbeitung von jeglicher Information sehr individuell ist. Ich weiss beispielsweise nicht, was mein Gegenüber alles mit dem Wort „Liebe" verbindet, was Liebe für ihn folglich genau bedeutet. Je nach seinen gemachten Erfahrungen kann dies sehr unterschiedlich sein. Jemand versteht darunter vielleicht ein Geben und Nehmen, das ausgeglichen sein muss. Eine andere Person verbindet damit das Gefühl von Schmetterlingen im Bauch. Wieder eine andere sieht darin eine grosse, kosmische Kraft. Was ist nun richtig? Was falsch? Wer kann dies beurteilen? Schliesslich ist es eine Frage des gesellschaftlichen Konsens: wir haben einfach gelernt, dass einzelne Wörter in einem ganz spezifischen Zusammenhang benützt werden. Dank dem können wir z.B. unterscheiden, dass das Wort „Freude" nicht das Gleiche ausdrückt wie das Wort „Wonne". Letzteres scheint noch ein bisschen „himmlischer" zu sein.

Trotz der Unklarheit, ob meine Botschaften verstanden werden, wage ich nun den Versuch, in den folgenden Kapiteln von meinen Erlebnissen zu erzählen.

2 – Der Beginn meiner spirituellen Reise

2.1 – Todesängste

Wer die beiden ersten Bücher gelesen hat, kennt die folgenden Erlebnisse von mir bereits. Hier schildere ich sie nun aber detaillierter und führe sie weiter aus.

Bereits im Alter von ca. 3 Jahren entwickelte ich eine grosse Angst vor dem Tod. Diese tauchte ganz plötzlich wie aus dem Nichts auf, als meine Eltern über das Ableben einer mir unbekannten Person sprachen. Ab dann war es um meine innere Ruhe geschehen. Die Idee, dass ich einmal sterben musste und dann vielleicht einfach ausgelöscht wäre, nicht mehr existieren würde, verursachte in mir Gefühle der Panik. Ich konnte mit niemandem darüber sprechen, weil ich mich schrecklich schämte, solche Ängste zu haben. Als ich mich dann doch einmal getraute, mich den Eltern ein kleines Bisschen zu öffnen, erfuhr ich, dass sie mir keine wirkliche Antwort geben konnten. Mein Vater versuchte zwar, sein esoterisches Wissen mit mir zu teilen und mir klar zu machen, dass die Seele unsterblich ist, aber in mir tauchte sogleich eine Stimme auf, die sagte: „woher willst du das wissen? Du bist ja noch nicht gestorben." Von diesem Moment an war mir klar, dass mir niemand wirklich helfen konnte.

Was den Tod betraf, gab es für mich damals zwei Versionen: entweder würde ich ausgelöscht werden oder dann weiterexistieren. Doch auch eine weitere Existenz war für mich noch nicht eine befriedigende Lösung. Wüsste ich denn nach dem Tod noch, wer ich bin? Würde dieses Bewusstsein von mir selbst weiter leben oder wäre ich plötzlich ein unbedeutendes Etwas in einer überwältigenden Menge irgendwelcher Energien?

Für mich stellte sich im Grunde genommen die Frage, ob mein Ichbewusstsein mit dem ganzen Wissen und der vollen Erfahrung dieses jetzigen Lebens etwas von Bestand ist oder ob diese Aspekte nur vorübergehend existieren. Es könnte ja sein, dass wir Menschen durch eine Laune der Natur als zeitlich begrenzte Mitbewohner der Erde per

Zufall entstanden sind. Unser ganzes Leben wäre dann einfach eine zufällige Aneinanderreihung von Ereignissen. Es wäre aber auch möglich, dass wir wie Marionetten von irgendeinem Gott erschaffen wurden. Er würde dann auch den Ablauf unseres Lebens bestimmen. Wenn er mit uns ausgespielt hätte, wären wir nicht mehr wichtig, würden ausgelöscht oder als unbedeutende Pünktlein irgendwo in einem Energiehaufen enden. In letztgenanntem Fall wäre mein Schicksal ein unendliches Sein als unbedeutendes und verlorenes Geschöpf, in meiner Vorstellung eine qualvolle Version.

Wonach ich mich eigentlich sehnte, war aber folgendes: All meine Erfahrungen sollten einen höheren Sinn ergeben. Nach dem Tod wollte ich mich weiterhin als mich selbst fühlen und mich an das Gewesene erinnern können. Da ich weder ein Zufallsprodukt noch eine Marionette eines launischen Gottes sein wollte, müsste ich über eine gewisse Selbstbestimmung verfügen. Folglich erhoffte ich mir verzweifelt, eine *selbst-bewusste* (mir meiner selbst bewusste) und *selbstbestimmte Wesenheit* zu sein, die von irgendwo her kommt und die auch wieder dorthin zurückgeht. Dieser Ort wäre meine Heimat. Mich selbst würde ich als Seelenwesen bezeichnen.

Um herauszufinden, welche meiner Theorien gültig ist, musste ich u.a. in Erfahrung bringen, ob es eine solche Heimat gibt. Wie bereits im Vorwort dargelegt, konnte ich versuchen, mich daran zurückzuerinnern oder ich musste so viel Wissen in mir aufbauen, dass mir klar würde, wohin ich nach dem Tod gehe. Beide Wege sind möglich.

Dies alles war mir damals natürlich nicht bewusst. Ich versuchte, so gut ich konnte, den Tod zu verdrängen, litt aber unsäglich, wenn ich mich aus irgendwelchen Gründen wieder damit konfrontiert sah. In meiner Not geriet ich sogar fast in eine Sekte. Wie einfach wäre es gewesen, das Denkmodell der Zeugen Jehovas zu übernehmen und mich dadurch in Sicherheit zu wiegen. Aber zum Glück konnte ich noch gerade rechtzeitig erkennen, dass ich auch hier meine innere Ruhe nicht wirklich finden würde, dass ich mich zu sehr verleugnen müsste. Das Gedankengut der Sekte war für mich zu irreal. Also litt ich weiter. Einen Ausweg sah ich nicht, denn ich hatte keine Ahnung, woher ich eine glaubhafte Erklärung bekommen sollte, was mich nach dem Tod erwartete.

Wenn man nicht einmal weiss, wo man nach der Lösung eines Problems suchen muss, wird es natürlich schwierig. Also war ich verzweifelt und ratlos.

2.2 – Der „Zufall" hilft nach

Leider gab es in dieser schwierigen Zeit niemanden, der mir gezeigt hätte, wo ich nach einer Lösung hätte suchen können. Doch offensichtlich existierten in meinem Leben Kräfte, die mich selbst in der tiefsten Seelenumnachtung nicht verliessen. Auf jeden Fall wendete sich mein Schicksal, und zwar durch einen „Zufall". Das Wort Zufall schreibe ich extra zwischen Gänsefüsschen, weil es noch zu klären gilt, ob es Zufälle überhaupt gibt. Doch davon später. Hier nun der weitere Verlauf meiner Geschichte:

Eines Tages geriet mir ein Buch von einem Paul Brunton (s. Literaturverzeichnis im Anhang) in die Hände. Es handelt von allerlei Phänomenen rund um die feinstofflichen (nicht materiellen) Bereiche unseres Lebens. Dabei thematisiert er auch denjenigen Teil in uns, den er unser „inneres Selbst" nennt. Er beschreibt seine Erfahrungen damit und dass dieses Selbst den Tod „überlebt", weil seine Natur eben nicht materieller, sondern geistiger Art ist. Ich weiss nicht mehr im Detail, was genau in diesem Buch steht, ich erinnere mich nur an folgendes Phänomen: während des Lesens der entsprechenden Ausführungen spürte ich plötzlich ganz tief in mir eine Energie und hörte eine Stimme, die sehr klar sagte: „das ist es! Genauso ist es, wie es der Autor beschreibt." Diese Stimme war so klar, dass meine Ängste buchstäblich weggewischt wurden. Ich wusste einfach, dass es so ist, dass Brunton eine Realität beschreibt, die ich kenne. Mir war zwar völlig schleierhaft, woher ich dies wusste und woher diese Stimme kam, aber es war sonnenklar: ich hatte eine Antwort auf meine quälenden Fragen bekommen.

Aus dieser Erfahrung schliesse ich, dass etwas in mir mehr zu wissen scheint, als ich mir vorstellen kann. Dieses Wissen ist mir aber nicht ohne weiteres zugänglich. Wann und warum es in welcher Form auftaucht, ist für mich nicht erkennbar. Doch in jenem Moment interessierte mich dies nicht gross. Es reichte mir völlig aus, dass es sich mir offenbart hatte.

Ich weiss nicht, ob es nachvollziehbar ist, was dieses Ereignis für mich bedeutete. Bei allen „gewöhnlichen" Ängsten hat man die Möglichkeit, entsprechende Situationen einfach zu vermeiden. Bekomme ich beispielsweise in Menschenmengen oder in geschlossenen Räumen Panikattacken, halte ich mich vorsorglich von solchen Orten fern. Doch der Tod ist eine Realität, vor der ich mich nicht drücken kann. Er wird zu gegebener Zeit unwiderruflich eintreten, eine Flucht ist unmöglich. Folglich lasten solche Ängste schwer auf der Seele. Der Druck war in mir teilweise so gross, dass ich die Sonne nicht mehr sah, den Wind nicht mehr spürte und von allem Lebendigen rund um mich abgetrennt zu sein schien. Und nun die Erlösung!

Logischerweise wollte ich jetzt mehr Klarheit erlangen. Also verschlang ich förmlich alle weiteren Bücher von Paul Brunton. Dadurch fand ich Zugang zur gesamten esoterischen Literatur. Mir öffneten sich innert kurzer Zeit ganze Welten.

Im Rahmen meines Suchprozesses stiess ich auch auf die Buchreihe von Jane Roberts (s. Literaturverzeichnis im Anhang). Mein Vater las ihre Werke schon seit einiger Zeit. Da ich neugierig war, lieh ich mir eines der Bücher aus. So kam ich zum ersten Mal mit medialen Durchsagen in Berührung. Jane Roberts sprach nämlich für eine geistige Wesenheit, die sich Seth nennt. Diese versucht, uns Erdenmenschen die Geistige Welt näher zu bringen. Ausgehend von den entsprechenden Lehren beschreibt Seth ganz praktische Übungen, wie wir die geistige Ebene besser in den Alltag einbringen können. Er hilft uns zu verstehen, weshalb wir unsere Probleme selbst produzieren, wie wir dies vermeiden und folglich ein Leben aufbauen können, das vermehrt unseren Wünschen entspricht.

Was mich bei dieser Lektüre nun aber erstaunte, war folgendes: Im Grunde genommen verstand ich nur etwa ein Viertel von all den erörterten Lehren. Den Rest konnte ich nicht wirklich einordnen. Normalerweise würde ich ein solches Buch entnervt zur Seite legen. Aber in diesem Fall erlebte ich etwas Merkwürdiges: jeden Abend vor dem

Schlafen „musste" ich einfach einige Seiten lesen, selbst wenn ich nichts kapierte. Es war wie eine Sucht. Dabei hatte ich den Eindruck, dass etwas in mir schon verstand, aber auf bewusster Ebene war ich überfordert. Ich weiss nicht mehr, wie viele dieser Bücher ich in dieser Form durcharbeitete, aber es waren einige. Heute ist mir schleierhaft, weshalb ich die entsprechenden Inhalte nicht schon früher begriffen habe. Vieles erscheint mir nun sehr logisch und einfach.

Auch wenn ich vieles noch nicht zu erfassen vermochte, konnte ich mir aufgrund der Lektüre bereits eine gewisse Vorstellung erarbeiten, wie die Seelenebene mit unserer materiellen Welt zusammenspielt. Endlich hatte ich glaubhafte Theorien, die es wahrscheinlicher machten, dass ich ein selbstbewusstes und selbstbestimmtes Seelenwesen sein könnte. Dieses Wissen teile ich in Kapitel 3 gerne mit dir, lieber Leser.

Heute zeigen mir die beiden oben beschriebenen Erfahrungen deutlich: wir sind mehr, als wir zu sein glauben. Es gibt Teile in uns, deren wir uns nicht bewusst sind, die aber hochaktiv zu sein scheinen. Wenn wir eisern in eine bestimmte Richtung streben, wird das Bewusstsein immer fähiger, mit diesen vorderhand unbewussten Teilen in uns in Kontakt zu treten, ihr Wissen „abzuholen" und in unser Weltbild zu integrieren. Dieser Umstand würde ebenfalls dafür sprechen, dass wir mehr sind als ein Zufallsprodukt oder eine Marionette eines Gottes. Allerdings reicht eine einzige Erfahrung kaum, um eine solch grosse Frage zu beantworten. Also ging (und geht auch heute noch) meine Reise weiter.

Ausgehend von meiner Erfahrung mit den Büchern von Paul Brunton und Jane Roberts stellt sich mir nun folgende Frage: Wie kann ich bei der Übermittlung meiner Erfahrungen auch die den Lesern noch nicht bewusst zugänglichen inneren Ebenen ansprechen? Ich gehe nämlich davon aus, dass sich diese noch unbewussten Schichten zum gegebenen Zeitpunkt in Form von eigenen inneren Erfahrungen entfalten. Dabei könnte es allerdings geschehen, dass sich die Erfahrungen einiger Leser nicht mit meinen decken. Dies ergäbe dann eine spannende Grundlage dafür, gemeinsam nach noch tieferen Erkenntnissen zu suchen. Aber eben: wie erreiche ich diese Ebenen? Zudem wäre vielleicht mein Problem von Kapitel 1 behoben: durch die eigene innere Erfahrung könnte der Leser meine Beschreibungen möglicherweise nachvollziehen und in ihrer ganzen Tiefe verstehen.

Bis hierher habe ich hauptsächlich Fragen gestellt, aber noch keine Antworten geliefert. Um den Überblick zu bewahren, fasse ich die Fragen kurz zusammen:

1a) Gibt es ein Leben nach dem Tod? Wenn ja: wie sieht dieses aus?
1b) Gibt es Zufälle (folglich könnte ich ein Zufallsprodukt sein) oder ein vorherbestimmtes Schicksal (folglich könnte ich Spielball eines launischen Gottes sein)? Oder bin ich möglicherweise ein mir selbst bewusstes und selbstbestimmtes Seelenwesen?
2a) Wie kann ich innere Erfahrungen so schildern, dass sie für den Leser nachvollziehbar sind?
2b) Wie erreiche ich diejenigen Ebenen im Leser, die ihm bewusst noch nicht zugänglich sind?

Während ich auf die Fragen 2a) und 2b) in Kapitel 4.1.1 eine mögliche Antwort gebe, werden die Fragen 1a) und 1b) über das ganze Buch hinweg offen bleiben. Allerdings werden sich die Hinweise auf eine schlüssige Antwort mehr und mehr verdichten.

Grundsätzlich möchte ich klarstellen: es ist nicht Ziel dieses Buches, abschliessende Antworten zu präsentieren. Diese musst du, lieber Leser, selbst für dich finden. Nur wenn du sie aus deinem eigenen Inneren erfährst, sind sie für dich nämlich „richtig". Dieses Ziel kann aber nicht allein mit dem Lesen von Büchern erreicht werden. Deshalb gebe ich dir auf den folgenden Seiten lediglich Ideen, die du für deinen eigenen Weg der Suche verwenden kannst.

Nun ist es also an der Zeit, meine Theorien und Erfahrungen darzulegen, welche mir die Entdeckung der Esoterik bescherten. Wie ich bereits erwähnt habe, sollte ich irgendwie in Erfahrung bringen, wer ich bin und woher ich komme. Ich gehe nämlich von folgender Annahme aus: wenn ich mich an meine Herkunft sowie mein Seelensein erinnere, lassen sich nicht nur die Fragen 1a) und 1b) beantworten, sondern auch viele andere. Möglicherweise begreife ich dann auch vermehrt, welche Gesetze in den verschiedenen Daseinsformen (als Seelenwesen sowie auch als menschliches Wesen) wirksam sind. Damit liessen sich wahrscheinlich die Fragen 2a) und 2b) und viele weitere beantworten.

Um in der Folge die entsprechenden Themen aufzurollen, wären verschiedene Ansätze denkbar. Ich wähle hier einen aus, der mir vielversprechend erscheint. Dabei stelle ich folgende Überlegungen in den Mittelpunkt:

Falls ich bereits vor meinem jetzigen irdischen Dasein als selbstbewusstes und selbstbestimmtes Seelenwesen existiert habe, müsste ich ja irgendwie von meiner Seelenheimat hierhergekommen sein. Ist ein solches Szenario grundsätzlich denkbar? Wenn ja: Wie funktioniert das „Herabsteigen" von der Seelenebene in einen menschlichen Körper? Weshalb können wir uns an nichts mehr erinnern? Im folgenden Kapitel werde ich mich eingehend mit diesen Themen befassen.

3 – Über Zufall, Schicksal und freie Entscheide
3.1 – Mein Fokus bestimmt mein Erleben

Nach den vielen einleitenden Gedanken in den vorangehenden Kapiteln komme ich nun zu einer der Kernfragen: wie könnte sich eine Reise von meiner Seelenheimat herunter auf die Erde zutragen? Um es gleich vorwegzunehmen: leider kann ich mich an diesen Augenblick in meinem jetzigen Leben nicht mehr erinnern. Deshalb folgt nun ein bisschen Theorie. Die entsprechenden Vorstellungen entwickelten sich bei mir durch die Lektüre der Werke von Paul Brunton und Jane Roberts, aber auch von weiteren Büchern. Beginnen möchte ich die erste Etappe meiner Reise mit folgenden Überlegungen:

Stell dir vor, lieber Leser, du befindest dich auf einer Party. Du schwatzt gerade mit einer neuen Bekanntschaft. Rund um dich gibt es einiges an Betrieb: im Hintergrund plätschert Musik, Gläser klirren, draussen scheint jemand den Rasen zu mähen, ab und zu hört man ein vorbeifahrendes Auto, rundherum das „Geschnatter" der anderen Gäste. Doch all die Nebengeräusche nimmst du nur ganz am Rande oder gar nicht wahr. Du konzentrierst dich auf dein Gegenüber und verstehst sogar seine Worte, obschon der Lärmpegel beachtlich ist. Hast du dir schon einmal überlegt, weshalb dem so ist?

Die Antwort auf diese Frage ist einfach und kompliziert zugleich. Einfach ist die Feststellung, dass wir über die Fähigkeit verfügen, den durch unsere Sinnesorgane erzeugten Informationsfluss zu filtern. Wenn dies nicht so wäre, würden wir alle Geräusche in der gleichen Intensität wahrnehmen und vermutlich nichts mehr verstehen. Kompliziert wird es dann, wenn man erforschen will, wie der Körper diese Leistung vollbringt. Hier dürften verschiedene Hirnbereiche eine Rolle spielen. Welche genau betroffen sind und welche Funktion sie im Einzelnen erfüllen, möchte ich nicht erörtern, denn dies soll ja kein Fachbuch der Neurologie sein.

Dass Filterprozesse wesentlich sind, erfahren häufig Menschen mit Hörgeräten. Die kleinen Verstärker unterscheiden die vielen Klänge und Geräusche nämlich nicht, sie geben sämtlichen Input in erhöhter

Lautstärke wieder. Damit ist die Stimme des Gegenübers gleich laut wie die Stimme einer Person, die zwar in der Nähe steht, aber nicht mit einem persönlich spricht. Dazu kommt ein Klirren von Gläsern, das mit seiner Intensität die Ohren läuten lässt. Wenn dann zusätzlich ein Hund vor dem offenen Fenster bellt und ein Auto hupt, ist der Geräusche-Brei perfekt. Die schwerhörigen Leute ziehen sich entnervt zurück und suchen eine ruhige Ecke auf.

Die Technik ist glücklicherweise nicht stehen geblieben. Moderne Apparate können dieses Problem bereits teilweise beheben.

Die eben beschriebene Filterfunktion ist nicht eine Besonderheit der auditiven Wahrnehmung (bzw. der Wahrnehmung von Geräuschen, dem Hören). Sie gilt für jeden Wahrnehmungsbereich (sehen, hören, riechen, schmecken, tasten). Ich würde sogar so weit gehen zu behaupten, dass sie ein wesentlicher Bestandteil unseres gesamten Lebens in einem menschlichen Körper ist. Wir werden weiter hinten noch sehen, dass diese Filterprozesse ein Nebenprodukt eines zentralen Prozesses sind, der unsere menschliche Existenz wahrscheinlich erst ermöglicht: der Fokus. Somit dürften sie zu den wichtigsten Mechanismen überhaupt gehören, die wir beim Abstieg von der Seelenebene auf die Erde benützen. Was führt mich dazu, dies zu glauben? Folgende Überlegungen möchte ich hierzu anstellen:

Ich nehme an, dass du, lieber Leser, eine Uhr hast und sie auch regelmässig benützt. Du weisst, dass eine Stunde aus 60 Minuten besteht und ein Tag aus 24 Stunden. Das sind für dich feste Grössen, auf die du dich verlässt. Ich nehme ebenfalls an, dass du im Auto einen Kilometerzähler hast und manchmal nachschaust, wie lange eine Strecke ist. Häufig arbeitest du auch mit kleineren Massen. Dann benützt du das Lineal. Auch hier weisst du beispielsweise genau, wie viele Zentimeter ein Meter hat. Was für dich ebenfalls sonnenklar ist: wenn du einkaufen gehst, musst du einige Meter oder Kilometer zurücklegen, um an dein Ziel zu gelangen. Verreist du in die Ferien, dürfte dies ein bisschen weiter und aufwändiger sein. Kurz: alles hat seine Ordnung, und in dieser kennst du dich aus.

Doch was macht dich so sicher, dass dein Wissen unumstösslich ist? Ich wage es nämlich, dir zu entgegnen: du unterliegst möglicherweise einer Täuschung.

Meine eigene Welt kam auf jeden Fall etwas ins Wanken, als ich den Mut aufbrachte, eine stark vereinfachte Erklärung der Relativitätstheorie von Einstein zu lesen. Hier wurden mir Beweise dargelegt, dass Zeit und Raum keine stabilen Grössen sind. Unter gewissen Umständen kann sich ein Raum krümmen oder verkürzen. Die Zeit kann sich ausdehnen oder komprimiert werden, womit z.B. eine Stunde plötzlich 70 respektive 50 Minuten währt. Wirklich verstehen konnte ich die Theorien zwar nicht. Aber ich musste anerkennen: da spielen offensichtlich Gesetze, die wir wohl noch nicht vollständig erforscht haben und die unser allgemeines Vorstellungsvermögen übersteigen. Seither weiss ich: was meinen Augen und meinem Geist so stabil und unverrückbar erscheint, ist es möglicherweise gar nicht.
Aber weshalb denn nicht?

Wir Menschen leben in einer materiellen Welt. Materie hat gewisse Eigenschaften, die wir studieren können. Wir benötigen unsere Sinne, damit wir materielle Dinge betrachten, betasten, riechen etc. können. Zudem brauchen wir das Gehirn, damit wir zu erfassen vermögen, was unsere Sinne zurückmelden. Durch Nachdenken, mathematische Modelle, Experimentieren und Messen ist es uns möglich, die Gesetzmässigkeiten zu erkennen, welchen die materielle Welt unterliegt. So wissen wir z.B., dass eine materielle Erscheinung normalerweise eine klare Grenze hat. Für uns ist beispielsweise genau ersichtlich, wo ein Baum steht: seine Wurzel ist auf und im Boden und nirgendwo anders. Sie bleibt auch dort. Wenn wir den Baum einige Tage später sehen, wird dies immer noch so sein. Auch der Stamm ist mit seiner Rinde klar gegen aussen abgegrenzt. Letztere können wir sogar erfühlen und dabei spüren, ob sie rau oder eher glatt ist. Materie ist also für uns eine ziemlich stabile Sache.

Doch nun gibt es andere Bereiche, nämlich feinstoffliche, energetische. Diese können wir nicht einfach mit den Augen sehen oder mit der Hand greifen. Wir müssen für deren Wahrnehmung andere Sinne entwickeln. Zudem gelten für sie andere Gesetze.

Schauen wir uns zum Beispiel den menschlichen Körper an. Dabei sind wir uns wahrscheinlich einig, dass er aus Fleisch und Blut besteht. Wir können ihn fühlen, sehen etc. Doch gleichzeitig haben wir eine Aura, präziser gesagt: wir haben sogar mehrere Auren. Das sind unsere Energiekörper. Deren Funktion werde ich in Kapitel 8.2 noch näher beschreiben. Auch wenn wir diese Energien nicht ohne weiteres sehen und greifen können (es gibt durchaus Menschen, welche sie sehen und auch spüren), existieren sie und können sogar gemessen werden.

Was sind nun, einmal abgesehen von der Art der Wahrnehmung, die wichtigsten Unterschiede zwischen dem materiellen und den feinstofflichen Körpern?

Nehmen wir einmal an, ich gebe mich mit einem anderen Menschen der Liebe hin. Dabei werden unsere materiellen Körper möglicherweise völlig aneinandergeschmiegt sein. Mehr ist aber nicht möglich, ich kann nicht vor lauter Liebe IN diesen Menschen kriechen, selbst wenn ich das Bedürfnis hätte. Ganz anders ist dies mit unseren Auren. Wenn wir uns wirklich mögen, werden sie in diesem innigen Moment wahrscheinlich zusammen verschmelzen. Und genau diese Verschmelzung verursacht diese intensiven Gefühle von Glück und einer tiefen Erfüllung, ja manchmal sogar einer eigentlichen Ekstase. Was also auf der materiellen Ebene unmöglich ist, ist auf der feinstofflichen eine normale Erscheinung. Die räumliche Trennung hebt sich hier auf. Die Körper sind nicht mehr nebeneinander, sondern ineinander. Aber eben: unsere herkömmlichen Sinne sind nicht für die Wahrnehmung dieses Phänomens ausgestattet. Sie sind auf die materielle Ebene limitiert.

Wenden wir uns nun der Zeit zu, so werden wir ähnlichen Phänomenen begegnen. Wie wir ja bereits gesehen haben, akzeptieren wir vollkommen, dass wir uns auf einer linearen Zeitachse bewegen und alles schön nacheinander machen müssen. Wenn ich früh am Morgen aufstehe, kann nicht bereits Mittag sein und ich somit gleichzeitig beim Mittagessen sitzen. Ich muss schön der Reihe nach aufstehen, dann duschen, dann abtrocknen, dann ankleiden, dann -, dann -, dann ….

Anders sieht es aus, wenn ich mich aus der Ebene der Materie herausbegebe. Ich kann mich z.B. in meine Gedankenwelt vertiefen. Dort ist es kein Problem, über meine Säuglingszeit nachzudenken und mir einen Augenblick später zu überlegen, was ich heute zum Mittagessen kochen möchte. Während ich mich gedanklich auf der Zeitachse beliebig bewegen, also gleichzeitig über Vergangenheit und Zukunft sinnieren kann, geht dies auf der materiellen Ebene ganz und gar nicht. Ein Säugling wird wohl erst viele Jahre später seinen Speise- und Kochplan überdenken. Zuerst muss sein Hirn ja reifen, ebenso sein ganzer Körper, so dass er langsam erwachsen wird. Erst dann kümmern ihn solche Fragen. Was also im materiellen Bereich eine feste Grösse ist, verliert diese Eigenschaft, sobald wir uns auf einer feinstofflichen Ebene bewegen.

Nun wird es ein bisschen komplizierter und ich hoffe, lieber Leser, du kannst auch die weiteren Überlegungen einigermassen nachvollziehen. Um es gleich vorwegzunehmen: da unser Hirn eben auch materieller Art ist und dazu dient, mit dieser grobstofflichen Welt umzugehen, sind ihm Grenzen gesetzt. Es kann sich gewisse Dinge fast nicht vorstellen. Das heisst aber nicht, dass es diese Dinge nicht gibt. Unser Hirn ist jedoch beschränkt. Es wird bei den folgenden Ausführungen möglicherweise etwas rebellieren. Dennoch gehen wir nun einen Schritt weiter.

Nehmen wir an, wir verlassen die irdisch-materielle Ebene und begeben uns in eine feinstoffliche. Ich nenne diesen Bereich auch gerne „Seelenebene". Man kann aber auch von einer höheren geistigen Dimension sprechen. Wie wir eben gesehen haben, spielen hier andere Gesetze: bei der Zeit sind wir nicht an ein fixes Nacheinander gebunden. Vielmehr können wir uns verschiedene Ereignisse fast gleichzeitig vergegenwärtigen, selbst wenn sie nach unserer irdischen Vorstellung weit auseinander liegen. Ein entsprechendes Prinzip ist auch bei räumlichen Faktoren zu beobachten: während Gegenstände und Orte auf der irdischen Ebene klar voneinander abgegrenzt sind und nebeneinander liegen, können sie sich in der feinstofflichen Dimension ineinander schieben. Dieses Phänomen habe ich oben im Zusammenhang mit einer Liebesszene beschrieben. So, wie die zwei menschlichen Körper quasi zu einem verschmelzen können, ist dies auch bei Gegenständen der Fall, ebenso bei Städten, Ländern etc. Wenn wir diese Gedanken weiter verfolgen, wäre z.B. Indien nicht viele Reisestunden weit von der Schweiz entfernt, sondern quasi über der Schweiz liegend. Ebenso könnte ich meine Vergangenheit gleichzeitig mit meiner Zukunft wahrnehmen. Es käme eigentlich immer nur darauf an, auf welchen Aspekt ich mich gerade konzentriere.

Und genau hier liegt der Schlüssel: ich muss mich auf etwas *konzentrieren*, damit ich es genau wahrnehmen kann. Eigentlich kennen wir dieses Phänomen sehr gut vom Lernen. Wenn wir viel Stoff verarbeiten müssen, teilen wir diesen gewöhnlich in mehrere Unterthemen auf, die wir dann nacheinander studieren und uns einprägen. Theoretisch könnte ich andauernd von einem Thema zum anderen hüpfen und bei jedem einen kleinen Abschnitt verinnerlichen. Doch mit dieser Strategie bekäme ich wohl ein ziemliches Durcheinander und hätte am Schluss keinen Überblick mehr über das Ganze. Also gehe ich mit Vorteil schrittweise vor.

Damit wären wir aber wieder beim Hauptthema dieses Kapitels, beim Filter. Sobald wir uns nämlich auf einen bestimmten Aspekt konzentrieren, wird dieses Prinzip aktiv: Wir blenden alles andere aus, sind mit unseren Gedanken und Gefühlen nur noch bei dem einen Punkt. So erarbeiten wir uns den entsprechenden Stoff, bis wir ihn begriffen haben. Anschliessend konzentrieren wir uns auf den nächsten Punkt.

Nun lass uns, lieber Leser, noch einen Schritt weiter gehen. Wenn wir annehmen, dass wir mehrere Leben nacheinander leben, müssen wir uns vergegenwärtigen, was dies auf der geistigen Ebene bedeutet. Hier gibt es dieses Nacheinander nicht, wie wir es uns vorstellen. Folglich müsste es dort möglich sein, all diese Leben in beliebiger Abfolge und/oder sogar gleichzeitig zu betrachten. Möglicherweise ist eine solche vielschichtige Wahrnehmung der Gleichzeitigkeit für unsere feinstoffliche Existenz kein Problem, denn diese ist nicht mehr so eingeschränkt wie unsere irdische. Wir verfügen ohne die Begrenzungen durch unsere Körperlichkeit wahrscheinlich über Fähigkeiten, die wir uns jetzt kaum vorstellen können. Menschen, die schon einmal klinisch tot waren und mit ihrem feinstofflichen Körper den materiellen Körper verliessen, erzählen von solchen Wahrnehmungs-Phänomenen.

Stell dir nun, lieber Leser, folgendes Szenario vor: Ein Seelenwesen kommt irgendeinmal zum Entschluss, sich mit Materie auseinanderzusetzen und dabei entdecken zu wollen, wie sich ein materieller Körper anfühlt, wie man damit umgehen muss, welche Gesetze es gibt und anderes mehr (je nach individuellem Interesse). Gemäss der eben erläuterten Theorie muss es sich folglich auf diesen Bereich konzentrieren. Zudem muss es sich Lerneinheiten vornehmen, welche es nacheinander unter die Lupe nimmt. Diese Lerneinheiten sollten so ausfallen, dass sie schön aufeinander aufbauen: sobald es ein Thema begriffen hat, geht es zum nächsten, welches das eben Gelernte weiter führt. Damit kann es sein Wissen kontinuierlich auf- und ausbauen.

Und genau so dürfte die Organisation von verschiedenen Inkarnationen verlaufen. Wenn man sich auf die Materie einlässt, verfolgt man in der Regel klare Ziele. Man weiss also, was man am Schluss gelernt haben will. Zu diesem Zweck nimmt man sich eine Abfolge von vielen Leben vor. Bei jedem erarbeitet man sich dann jeweils einen bestimmten Aspekt. Um all die verschiedenen Unterthemen zu erarbeiten, muss man sich folglich immer wieder in die irdische Ebene begeben und dort Erfahrungen sammeln. Während man auf der feinstofflichen Ebene alle seine Inkarnationen im Überblick hat, sie studieren und sich organisieren kann, muss man sich auf der irdischen Ebene jeweils mit einer einzigen menschlichen Persönlichkeit begnügen, denn etwas anderes lassen die materiellen Gesetze nicht zu.

Man könnte sich also folgendes vorstellen: der Übergang von der feinstofflichen in die irdische Ebene ist im Grunde genommen ein Konzentrations- oder eben Filterprozess. Man beschränkt seinen Geist auf das Studium einer ganz bestimmten Lerneinheit. Und weil man sich so gut konzentriere, blendet man alles andere aus. Gerade bei begnadeten Schauspielern weiss man, dass sie auf der Bühne förmlich in eine andere Welt eintauchen. Erst, wenn die Scheinwerfer ausgehen, besinnen sie sich wieder auf ihre eigentliche Person. Das gleiche Phänomen kann man erleben, wenn man ein spannendes Buch liest oder einen packenden Film anschaut. Man lässt sich so sehr vom Inhalt fangen, dass man förmlich mit-lebt und erst anschliessend wieder aus der Phantasiewelt auftaucht. So betrachtet wären wir Menschen absolut hoch konzentrierte Schauspieler auf dieser Erde. Erst mit dem Tod würden wir uns wieder auf unsere wahre Natur zurückbesinnen und erkennen, dass wir im Grunde genommen Seelenwesen sind.

All die Überlegungen in diesem Kapitel geben bereits gewisse Hinweise darauf, dass das Leben eher weniger eine Abfolge von Zufällen oder bereits zum Voraus von einer höheren Instanz wie Gott definiert ist. Somit kommen wir der Erkenntnis bereits näher, dass ich tatsächlich ein selbstbewusstes und selbstbestimmtes Wesen sein könnte. Wenn dem wirklich so wäre, dann müsste ich auch die Möglichkeit haben, mit meinem Leben wenigstens bis zu einem gewissen Grad kreativ umgehen zu dürfen. Wie weit ist dies der Fall? Gibt es hier Hinweise darauf?

Dieser Frage gehe ich in den folgenden Kapiteln nach. Sehr ausführlich kann man entsprechende Erläuterungen u.a. in den Büchern von Jane Roberts (vgl. Kapitel 1) finden. Diese werde ich teilweise in meine Gedankengänge einfliessen lassen.

3.2 – Wahrscheinlichkeiten und freie Wahl

Wie bereits gesagt habe ich als selbstbewusstes und selbstbestimmtes Wesen einen gewissen Anspruch auf eigene Entscheidungsmöglichkeiten. Ist ein solches Szenario realistisch? Wenn wir die folgenden Gedanken durchspielen, können wir durchaus zum Schluss kommen, dass wir diese Möglichkeit haben. Die entsprechenden Überlegungen möchte ich mit dir, lieber Leser teilen:

In Kapitel 3.1 haben wir gelernt, dass wir auf der geistigen Ebene alle unsere Inkarnationen gleichzeitig betrachten können. Nun wird es noch ein bisschen komplizierter. Eine Wesenheit, die sich Seth nennt, erklärt uns durch das Medium Jane Roberts hindurch, wie die Realität aus ihrer Perspektive aussieht. Da Seth sich auf der geistigen Ebene aufhält, kann er uns viele interessante Phänomene darlegen. Eines davon ist das Folgende:

Wenn wir es genau nehmen, haben wir in jedem Augenblick die Möglichkeit, Entscheidungen zu treffen. Betrachten wir doch einmal einen ganz gewöhnlichen Alltag.

Bereits wenn ich am Morgen aufwache, gibt es viele verschiedene Wege, den Tag zu beginnen.

- a) Ich kann sofort aufstehen und unter die Dusche gehen.
- b) Ich kann sofort aufstehen, das Fenster weit öffnen, mich strecken, gähnen und meine Lungen mit frischer Luft füllen.
- c) Ich kann mich seufzend umdrehen und noch eine Weile liegen bleiben, mich aber im Wachzustand halten. Ich warte nun einfach, bis ich mich zum Aufstehen wirklich bereit fühle.
- d) Ich kann mich noch einmal umdrehen und dabei einschlafen. Eine halbe Stunde später erwache ich wieder. Weil es bereits spät ist, muss ich mich sehr beeilen.
- e) Ich schlafe noch einmal ein und träume sehr lebhaft. Wenn ich dann eine Viertelstunde später wieder aufwache, fühle ich mich ganz benommen, weil der Traum so aufwühlend war.

Das sind nur einige wenige Varianten, wie mein Tag beginnen könnte. Welche ich schlussendlich wähle, ist nicht unwesentlich, denn sie beeinflusst den Verlauf des restlichen Tages mehr oder weniger stark. Bei den Varianten a) bis c) sind die Unterschiede vielleicht nicht sehr gross. Dennoch dürfte es sich anders anfühlen, wenn ich mich bereits nach dem Aufstehen strecke und meine Lunge mit frischer Luft fülle statt schlaftrunken ins Bad zu torkeln. Möglicherweise atme ich während mehrerer Stunden anders und wäre somit bei Variante b) vitaler. Das hätte einen positiven Effekt auf meine gesamten Aktivitäten.

Wenn ich Variante d) oder Variante e) wähle, verändert sich gegenüber a) bis c) einiges. Bei d) muss ich mich sehr beeilen, womit der Tag schon mit Stress beginnt. Bei mir persönlich hat dies meistens zur Folge, dass es eine ganze Weile lang hektisch zugeht, weil ich überall ins Hintertreffen gerate. Das macht mich tendenziell grantig und unausstehlich, womit der Tag „unter einem schlechten Stern steht". Bei

Variante e) kann es passieren, dass einen der Traum noch den ganzen Tag verfolgt und man sich einfach nie so richtig wach fühlt.

Nehmen wir einmal an, ich wähle Variante a), torkle also sofort ins Bad. Doch kaum stehe ich unter der Dusche, muss ich schon wieder eine Entscheidung treffen. Wie warm soll das Wasser sein? Ich könnte es so richtig schön heiss über meinen Körper fliessen lassen und mich unter dem angenehmen Strahl einige Minuten aalen. Ich könnte mich aber auch entscheiden, mich mittels kühlem Nass vollständig wach werden zu lassen. Natürlich sind hier noch viele Zwischenvarianten möglich.

Anschliessend muss ich aus der Dusche steigen. Mit welchem Bein soll ich vorangehen? Soll ich mich irgendwo festhalten oder dies freihändig tun? Nun trockne ich mich ab. Soll ich mir dabei die Zeit nehmen, mich so richtig abzurubbeln oder mache ich dies nur flüchtig? Nun möchte ich den Körper eincremen. Mit welcher Creme soll ich dies tun? Wie viel Körperlotion schmiere ich mir auf die Haut, wie lange massiere ich sie ein?

Ach, wie ist das Aufstehen doch plötzlich kompliziert geworden – so viele Entscheidungen schon am frühen Morgen! Welche Variante soll ich denn jeweils wählen? Welche würde sich optimal auf den Rest des Tages auswirken?

Wenn ich die letztgestellte Frage jedes Mal eingehend betrachten würde, könnte ich wohl erst gegen Mittag das Haus verlassen, um endlich meiner Arbeit nachzukommen. Glücklicherweise habe ich für solch alltägliche Vorgänge bereits Gewohnheiten und Automatismen entwickelt, über die ich nicht mehr nachdenken muss. Im Verlaufe meines Lebens bilde ich nämlich Vorlieben für gewisse Umstände, Tätigkeiten, Vorgehensweisen etc. So ist es bei mir weniger wahrscheinlich, dass ich die Varianten d) oder e) wählen würde. Irgendeinmal kam ich zur Einsicht, dass es für mich einfacher ist, zackig aus dem Bett zu steigen und mich gleich unter die Dusche zu begeben. Dies hilft mir am besten, den Schlaf schnell aus dem Körper zu vertreiben. Weil ich zum Frieren neige, ist die Wahrscheinlichkeit zudem sehr klein, dass ich kaltes Wasser laufen lasse. Vielmehr geniesse ich die herrliche Wärme. Doch auch hier verweile ich nicht lange, denn sonst wird es immer härter, diesen Ort der Wohltat zu verlassen. Also hops aus der Dusche raus und gleich fest rubbeln. Das macht mich so richtig wach. Zudem kann ich die Körperlotion besser einreiben, wenn die Haut schön trocken ist. Im Moment ziehe ich leichte Cremen den schweren vor, sie lassen sich viel schneller verteilen und einreiben. Ich habe nämlich keine Lust, hier viel Zeit zu verlieren.

Du siehst, lieber Leser: theoretisch hätte ich unzählige Möglichkeiten, meinen Morgen zu gestalten. Aber durch verschiedene Erfahrungen habe ich herausgefunden, dass für mich gewisse Abläufe besser funktionieren als andere und ich mich so wohler fühle.

Bei der ganzen Geschichte ist es nicht unwesentlich, in welchem Umfeld ich lebe. Befinde ich mich in einem grossen Haushalt mit vielen Menschen, bleibt es mir übrig, stundenlang im Bad zu verweilen. Damit würde ich ziemlich sicher einige Proteste von anderen Mitbewohnern auslösen, die den Tag auch gerne sauber und frisch beginnen möchten. Mit meinem Single-Dasein darf ich mir solchen Luxus leisten, wenn ich das möchte. Allerdings weiss ich sehr gut, dass wir Energie und Wasser sparen sollen. Das macht mich in der Entscheidung ziemlich unfrei, wie lange ich duschen will. Ich hätte ein schlechtes Gewissen, wenn ich überflüssigerweise halbe Badewannenladungen voll Trinkwasser in die Kanalisation fliessen lassen würde, nur weil es so wohlig ist. Hier kommt mir also mein Wissen in die Quere.

Auch neueste Forschungsergebnisse oder Trends bestimmen wohl einiges mit. Wenn ich weiss, dass meine Körperlotion krebserregende Stoffe enthält, werde ich sie wohl ziemlich schnell ersetzen, möglicherweise durch eine nach dem neusten Stand der Wissenschaft. Aber vielleicht bin ich in meinem Innern sowieso nur von völlig natürlichen Produkten überzeugt, also wähle ich ein rein pflanzliches Bioprodukt.

Befinde ich mich vorübergehend in einem anderen Land, muss ich meine Gewohnheiten möglicherweise sehr schnell über Bord werfen. So werde ich in Indien den Morgen mit grösster Wahrscheinlichkeit mit einer kalten „Dusche" beginnen. Dabei strömt das Wasser nicht aus der Brause, sondern ich giesse es mir mit einem Literbecher über den Körper, nachdem ich es dem Putzeimer entnommen habe, der unter einem schlichten Wasserhahn steht.

So habe ich theoretisch Unmengen von Möglichkeiten, die sich aber bereits durch verschiedene Gegebenheiten einschränken. Aber auch so bleibt mir noch eine Riesenauswahl an Varianten, wie ich den Tag beginnen will.

Ich habe absichtlich ein banales Beispiel gewählt, um aufzuzeigen, dass wir wirklich in jedem Augenblick wählen und uns für eine von vielen Varianten entscheiden können, und zwar ständig. Es ist uns gar nicht mehr bewusst, wie sehr wir den Ablauf eines Tages durch unsere Entscheidungen prägen. Wir haben so vieles automatisiert, dass wir oft nicht mehr darüber nachdenken, ob es nicht bessere Varianten gäbe.

In dem Moment, wo wir eine Entscheidung treffen – ob bewusst oder unbewusst (dabei entscheiden wir nicht mehr aktiv, sondern verlassen uns auf früher gefällte Entscheidungen, lassen also die Gewohnheit spielen) – verwerfen wir zahllose andere Varianten. Wenn man nun Seth folgen will, sind all diese nicht gelebten Varianten nicht etwa inexistent, sondern bleiben als potentielle Möglichkeit sozusagen im Universum hängen. Man kann sie sich als energetische Spuren vorstellen, denen eine gewisse Realität zukommt. Diese Varianten entwickeln sich sogar weiter, auch wenn wir sie nicht aktiv verfolgen. Es gäbe folglich unzählige Susannas, die alle ein eigenes Leben haben, in dem eine andere Variante durchgespielt wird.

Diese Gedanken sind für unsere Hirne ziemlich anspruchsvoll. Wirklich vorstellen können wir es uns wohl nicht, wie so etwas funktionieren sollte. Aber wer Freude an ein bisschen Hirnakrobatik hat, soll sich unbedingt ein Seth-Buch (s. Literaturverzeichnis im Anhang) besorgen und diesen Ausführungen ein bisschen folgen. Es ist zwar herausfordernd, aber auch spannend.

Doch hier wollen wir uns eher mit diesen Teilen auseinandersetzen, die wir einigermassen verstehen können. Also spinnen wir unseren oben ausgeführten Gedankenfaden weiter.

Wenn wir Entscheidungen fällen, sind diese nicht immer von grosser Bedeutung für unser Leben. Ob ein einzelner Tag die eine oder andere Wende nimmt, beeinflusst den Rest meines Lebens wahrscheinlich nicht wesentlich. Es gibt aber auch Bereiche, bei denen die Wahl des Weges durchaus einschneidende Konsequenzen für den weiteren

Verlauf unseres irdischen Daseins haben kann. Also kommen wir wieder zurück zu unsrer Fragestellung:

Gemäss den Ausführungen in diesem Kapitel wären wir völlig freie Wesen, könnten unser Leben nach unseren Wünschen kreativ gestalten. Aber ist dies wirklich die ganze Wahrheit? Wie müsste ich dann den Umstand erklären, dass mir das Buch von Brunton in meine Hände fiel? Welche Faktoren hätten dazu geführt, dass ich Swamiji begegnete?

Wenn ich in mich hineinspüre, ist für mich nämlich klar: Eigentlich suchte ich meinen Meister schon mein ganzes Leben lang. Irgendwie spürte ich immer die Präsenz von einem Wesen, das mich begleitete, in das ich totales Vertrauen hatte. Somit bin ich der Überzeugung, dass es schon von Anfang an klar war, dass ich Swamiji finden würde. Ist die eben aufgezeigte Möglichkeit der freien Wahl also nur eine Illusion? Müssen wir doch eher von einem vorherbestimmten Schicksal ausgehen? Oder gibt es vielleicht von allem ein bisschen? Um bessere Hinweise zu finden, betrachten wir die Sachlage in den folgenden Kapiteln noch einmal genauer.

3.3 – Beschränkte Wahl

3.3.1 – Einschränkende Faktoren allgemeiner Art

Gehen wir einmal davon aus, dass wir im Leben effektiv Wahlmöglichkeiten haben. Dann stellt sich – wie schon gesagt – die Frage: sind wir wirklich total frei in unseren Entscheidungen?

In Kapitel 3.2 habe ich bereits darauf hingewiesen, dass es Faktoren gibt, welche die bestehenden Möglichkeiten schon von vornherein aussortieren. Wie absolut solche Einschränkungen sind, hängt allerdings auch von der Persönlichkeit eines Menschen ab. Je nach seinen Werten, den intellektuellen und emotionalen Gegebenheiten und anderen Einflüssen kann eine Einschränkung als mehr oder weniger unumstösslich bzw. veränderbar empfunden werden. In der Folge möchte ich einige dieser einschränkenden Faktoren auflisten:

a) das soziale Umfeld;
b) die Kultur;
c) das bestehende Wissen;
d) antrainierte Gewohnheiten;
e) übernommene Werte;
f) Glauben;
g) die eigene Erfahrung;

Dazu einige Beispiele:

a) *Soziales Umfeld*
Wenn ich im Zug sitze, werde ich mich vermutlich nicht dazu entscheiden können, in diesem sozialen Umfeld in meiner Nase zu bohren. Zu Hause hingegen, vor dem Fernseher, kann dies durchaus eine genüssliche Beschäftigung sein.

b) *Kultur*
Dafür wird es mir in meinem trauten Heim in der Schweiz wohl kaum in den Sinn kommen, einen Putzeimer mit kaltem Wasser zu füllen, meinen Literbecher zu holen, in die Badewanne zu steigen und mich mit dem kühlen Nass zu begiessen. In einer Kultur wie Indien ist diese Version jedoch eine sehr wahrscheinliche.

c) *Bestehendes Wissen*
Da ich gelesen habe, dass LED-Leuchtmittel noch sparsamer sind als Stromsparbirnen und zudem keine giftigen Substanzen enthalten, wähle ich beim nächsten Mal im Laden mit Sicherheit die erstgenannte Variante, selbst wenn sie noch teurer ist. Ihre Langlebigkeit soll gemäss Studien den höheren Preis wieder wettmachen. Mein Wissen ist also ausschlaggebend dafür, was ich in meinen Einkaufskorb lege.

d) *Antrainierte Gewohnheiten*
Bei uns in der Familie war es üblich, dass man sich täglich duscht, wodurch mir die entsprechenden Abläufe zur Gewohnheit wurden. Noch heute fühle ich mich wie ein Schweinchen,

wenn ich mir nicht regelmässig den Schweiss des Tages abwaschen kann.

e) *Übernommene Werte*
Meine Eltern legten grossen Wert darauf, mit den Dingen des täglichen Lebens umsichtig umzugehen. Dies betraf unsere Habseligkeiten, aber auch Essen, Geld und anderes. So ist es mir auch heute noch ein Gräuel, Lebensmittel wegzuwerfen. Resten beflügeln deshalb meine Kreativität, so dass ich schon manch schmackhaftes Gemisch herstellte.

f) *Glauben*
Da ich an eine schöpferische Macht glaube (man kann sie Gott nennen), ist für mich auch klar, dass es eine abschliessende Gerechtigkeit gibt. Deshalb macht es mir nicht so viel aus, wenn Menschen sich falsch oder schlecht verhalten. Ich bin mir sicher, dass sie früher oder später ihre eingebrockte Suppe selbst auslöffeln müssen.

g) *Eigene Erfahrung*
Weil mir Gartenarbeit grosse Freude bereitet, pflege ich mit Leib und Seele meine Gemüsebeete. Natürlich bin ich darauf bedacht, mit natürlichen Mitteln zu arbeiten. Schliesslich möchte ich am Schluss keinen giftigen Salat auf dem Teller haben. Irgendeinmal musste ich allerdings die Entscheidung fällen, ob ich den Salat für mich selbst oder für die Schnecken pflanzen will. Ich musste nämlich einsehen, dass ich ohne rigorosen Kampf gegen die gefrässigen Schleimer das Nachsehen habe. Selbst mit Schneckenzaun kann ich mein Grünzeug ohne Giftkörnchen nicht genügend schützen. Die Erfahrung bewegte mich zu diesem unschönen Schritt. Mein Trost: immerhin können die Igel nicht über den Schneckenzaun klettern, und ausserhalb streue ich kein Gift. So konnte ich bereits beobachten, wie ein Stacheltier laut schmatzend genüsslich an einem der zähen Vielfresser kaute.

Du kannst, lieber Leser, diese Liste noch beliebig verlängern. In der Folge möchte ich noch auf zwei wesentliche Punkte eingehen, die unsere Wahlmöglichkeiten oft empfindlich einschränken: Ängste und Traumen.

3.3.2 – Ängste

Ängste haben sehr unterschiedliche Gründe. Vielfach sind sie Resultat eines erlittenen Traumas (s. Kapitel 3.3.3). Sie können aber auch angelernt (von den Eltern übernommen) oder durch autoritäre Systeme wie diktatorische Regimes, Sekten etc. vermittelt worden sein (Drohungen wie „wenn du diese oder jene Handlung vollziehst, erwartet dich ein schlimmes Schicksal"). Zudem kann das Betrachten von Gewaltszenen (z.B. in einem Film) Ängste provozieren. Bestimmt gibt es noch etliche weitere Auslöser.

Je nach dem, wann und wie eine Angst entstand, ist sie unterschiedlich tief beim betroffenen Menschen verankert. Deshalb können die entsprechenden Symptome stärker oder schwächer ausfallen. Meistens bringen wir bereits Ängste aus früheren Leben mit. Diese sind dann besonders tief in uns eingegraben. Das macht ihre Behandlung entsprechend schwierig.

Ängste sind für die Betroffenen oft sehr quälend. Deshalb unternehmen sie meistens alles Erdenkliche, um Situationen zu vermeiden, die eine Angstattacke auslösen könnten. Damit wird einsichtig, dass Menschen bei gewissen Entscheidungen keine echte Wahl mehr haben.

Häufig wissen wir sehr genau, welche Gegebenheiten unser Gleichgewicht in eine Schieflage bringen. Bei den folgenden Ängsten ist uns wahrscheinlich einsichtig, wovor wir uns drücken werden:

a) Platzangst
b) Höhenangst
c) Angst in der Dunkelheit
d) Angst vor dem Fliegen
e) Angst vor Tunnels
f) Prüfungsangst

g) Versagensangst
h) Angst, sich zu binden (Beziehungen)

Solche Auslöser werden wir dann – wie bereits gesagt – wenn immer möglich sehr bewusst vermeiden.

Daneben gibt es aber auch eine Vielzahl von Ängsten, von denen wir keine Ahnung haben, dass sie in uns aktiv sind. Dennoch beeinflussen sie uns wesentlich. Sie befinden sich in unterbewussten Bereichen. Darüber liegen mehrere Schichten von Strategien, die verhindern sollen, dass die ursächliche Angst dauernd aktiviert wird. Solche Situationen entstehen, wenn der Angstauslöser in der frühen Kindheit oder in einem früheren Leben liegt. Hier ein Beispiel:

Es ist bekannt, dass Kinder von Eltern, welche sich getrennt haben, häufig meinen, sie seien Schuld an dem Desaster. Dies hat gravierende Folgen für sie: da sie der inneren Überzeugung sind, über Energien zu verfügen, die zerstörerisch sein können, werden sie Angst vor ihren eigenen Kräften haben. Daraus können verschiedene Verhalten resultieren:

a) die Person wird ihr eigenes Potential nie richtig zum Ausdruck bringen;
b) die Person hat einen Hang dazu, immer zu viel Verantwortung zu übernehmen, besonders in Beziehungen;
c) die Person fühlt sich schnell schuldig, wenn es in einer Beziehung nicht rund läuft;
d) die Person leidet unter Ängsten, dass sie andere Menschen ins Verderben stürzen könnte. Sie wird sich entsprechend in sich zurückziehen;
e) die Person reagiert aggressiv, wenn andere ihr ein Fehlverhalten aufzeigen wollen. Dies ist ein Schutz davor, sich schuldig fühlen zu müssen. Man geht einfach in die Abwehr.

Auch hier ist die Liste beliebig erweiterbar. Das Perfide an all diesen Reaktionen ist die Tatsache, dass die betroffenen Personen gar nicht merken, dass ihr Verhalten die Folge einer alten Angst ist. Sie erachten es als normal, weil sie es ja nicht anders kennen. Erst wenn diese Mechanismen die Qualität ihres Lebens merklich schmälern, werden die Betroffenen nach Lösungen suchen. Haben sie Glück, können die Ursachen aufgedeckt und die entsprechenden Ängste bearbeitet werden.

Leider sind viele Ängste das Ergebnis von Missverständnissen in früheren oder in diesem Leben. Die Personen machen für gewisse Erlebnisse eine Ursache verantwortlich, die nicht der Wahrheit entspricht. Ich erlebe in meiner Praxis oft, dass die Klienten Gründe für eine missliche Lebenssituation suchen. Sie ziehen dann jeweils Schlüsse, die z.T. völlig falsch sind. Dies geschieht, weil den Suchenden nur ein sehr eingeschränkter Teil ihres Seins bewusst ist. Damit übersehen sie die grosse Komplexität, welche zum Missstand geführt hat und „erfinden" folglich Zusammenhänge, welche gar nicht bestehen. So können Ängste richtiggehend selbst erschaffen werden. Hier einige Beispiele:

- Eine Klientin ist der Überzeugung, dass sie Migräne bekommt, wenn sie ihr negatives Verhalten nicht total im Griff hat. Die Migräne ist dann die Strafe für ihr Versagen. Sie ist sich nicht bewusst, dass sie als kleines Kind ein Schleudertrauma erlebte, welches nun zu Beschwerden führt. Durch dieses Trauma ist nämlich ihre Kapazität, intensivere Gefühle zu verarbeiten, sehr eingeschränkt. Dies zeigt sich bei ihr vor allem in Emotionen der Wut und der Aggression. Wegen ihrer falschen Rückschlüsse hat sie Angst vor ihrer „negativen Seite". Sie bemüht sich folglich nach allen Kräften, immer „lieb" zu sein. Auseinandersetzungen geht sie aus dem Weg, weil sie ungute Gefühle verursachen, die nach ihrem Ermessen schädlich sind und sie anschliessend mit einer Schmerzattacke zur Rechenschaft ziehen.
- Ein Klient leidet unter starken Aggressionen. Er meint, dass diese entstanden sind, weil er immer ungerecht behandelt wurde. Deshalb kann er Ungerechtigkeiten nicht ausstehen und

hat Angst davor, in entsprechenden Situationen einmal jemanden in seiner grossen Wut zu verletzen oder gar umzubringen. Er versucht vergeblich, mittels „Einsicht" seine Aggressionen zu verringern. Zudem macht er regelmässig ein Ritual, in dem er allen Menschen zu vergeben versucht, die einmal ungerecht zu ihm waren. Die Bemühungen führen leider nicht zum Erfolg. Dies ist auch nicht möglich, denn die Aggressionen kommen daher, dass durch ein Geburtstrauma die eigenen feurigen Energien nicht gelebt werden. Diese stauen sich folglich auf und entladen sich regelmässig in unkontrollierbaren Emotionen. Das Lösen des Traumas führt dann endlich zu den gewünschten Resultaten.

- Ein Kind hat grosse Verlassens-Ängste. Die Eltern meinen, dass sie ihm nicht genügend Geborgenheit geben können. Dies löst Schuldgefühle aus und hat zur Folge, dass sie das Kind überbehüten und ständig Angst davor haben, etwas falsch zu machen. Damit können sie ihren Elterninstinkt nicht mehr nutzen und halten sich entsprechend mehr an Erziehungsbüchern fest, was das Problem eher verschlimmert als verbessert. In der Therapie wird sichtbar, dass beim Kind ein Trauma aus einem früheren Leben wirksam ist. Damals verlor diese Seele als Mutter ein Kind, das sie innig geliebt hatte. Erst die Arbeit an diesem Verursacher bringt eine allmähliche Entspannung mit sich.

Alle bisherigen Ausführungen in diesem Kapitel zeigen, wie sehr Ängste die Wahlfreiheit der Betroffenen beeinträchtigen. Nun wenden wir uns dem anderen grossen Thema zu, das für viele Einschränkungen verantwortlich ist, dem Trauma.

3.3.3 – Traumen

Die Traumatologie wurde in Band 2 schon ausführlich besprochen. Nun möchte ich sie in diesem Zusammenhang erneut aufnehmen und dabei aufzeigen, wie Traumen uns in unserem Leben einschränken. Zu diesem Zweck stelle ich die theoretischen Hintergründe noch einmal stark gekürzt dar:

Ein Trauma entsteht dann, wenn eine Person durch ein Erlebnis überwältigt wird. Es sprengt ihre Möglichkeiten, die entsprechende Situation in einer angemessenen Form zu verarbeiten. Ihr System gerät zuerst in einen Panikzustand. Bleibt die traumatisierende Situation bestehen, folgt etwas später die innere Erstarrung. Auch wenn die Person sich nach einer Weile wieder beruhigen kann, hinterlässt ein Trauma tiefe Spuren: das Nervensystem ist aus dem Gleichgewicht geraten, womit etliche Symptome entstehen können (z.B. Ängste, Depressionen, Aggressionen, Migräne, Verdauungsprobleme, komplexe Schmerzerkrankungen). Traumen können durch Unfälle, Übergriffe bzw. Angriffe, Kriege, das Miterleben eines Unfalls von anderen Personen, Naturkatastrophen etc. entstehen. Immer, wenn eine traumatisierte Person mit Dingen bzw. Situationen in Berührung kommt, welche Teil des überwältigenden Erlebnisses waren, wird sie an diese schlimme Zeit erinnert, womit ihr Nervensystem wieder in einen Panikzustand gerät. Ähnlich wie bei den Ängsten werden folglich Strategien aufgebaut, damit man alle potentiellen Auslöser vermeiden kann. Selbst wenn sich ein Trauma in einem so frühen Alter ereignet, dass man sich nicht mehr bewusst daran erinnert, bleiben die Folgen in unverminderter Intensität bestehen. So bildet man beispielsweise grosse Widerstände gegen gewisse Dinge und Situationen. Gleichzeitig kann man sich die Gründe für diese Widerstände nicht erklären, da einem die Ursache ja verborgen bleibt. Folglich versteht man sich selbst nicht mehr, sondern merkt einfach, dass man unter keinen Umständen gewillt ist, sich auf gewisse Erfahrungen einzulassen.

Um dies besser zu begreifen, möchte ich ein Beispiel anfügen:

Eine Patientin von mir klagte, dass für sie der erste August eine Tortur sei. Sobald Feuerwerk in ihrer Nähe abgebrannt wurde, übermannte sie eine grosse Panik. Woher diese kam, konnte sie sich nicht erklären. So blieb sie am Nationalfeiertag immer zu Hause, schloss Fenster und Fensterläden und war froh, wenn dieser Abend zu Ende ging. Nun stand sie allerdings vor einer schwierigen Situation: anlässlich der beendeten beruflichen Ausbildung sollte an der entsprechenden Abschlussfeier ein grosses Feuerwerk die Anwesenden erfreuen. Damit steckte sie in einem Dilemma: sollte sie die Feier absagen oder sich durch den Abend quälen? Um eine Lösung zu finden, mussten wir der Sache auf den Grund gehen. Dies erwies sich als relativ einfach. Ich erkannte bald, dass hier ein grosses Kriegstrauma aus früheren Leben vorlag. Die Knallerei erinnerte die Frau an etwas, das ihrem Bewusstsein nicht zugänglich war. Sie hatte in verschiedenen Kriegen fürchterliche Erfahrungen gemacht, die sie noch heute verfolgten. Deshalb hasste sie beispielsweise auch jegliche Form von Konflikten. Folglich ging sie ihnen aus dem Weg. Kriegsberichte in der Zeitung konnte sie nicht lesen, geschweige denn im Fernseher anschauen. Wenn es um Kriegsflüchtlinge ging, nahm sie sich deren Geschichte so sehr zu Herzen, dass sie sich schwer abzugrenzen vermochte und mitlitt.

Bei vielen Klienten liegt die Ursache für einschränkende Verhaltensweisen im Dunkeln. Doch daneben gibt es auch unzählige Traumen, derer man sich bewusst ist. So kommen Menschen zu mir, welche einen Unfall erlebten und seither Probleme mit gewissen Situationen haben. Eine Frau konnte zum Beispiel nicht mehr auf der Autobahn fahren, sie erlebte dort Panikattacken. Dies war ärgerlich, denn so verlängerte sich ihr Arbeitsweg ziemlich stark. Ich selbst vermeide seit einem Vorfall mit einem bissigen Hund freilaufende Hunde, weil mir in deren Gegenwart der Angstschweiss ausbricht und die Knie weich werden. Mein Trauma wurde durch den Schäferhund eines Bekannten ausgelöst, der meinen Bruder anfiel und empfindlich im Gesicht verletzte. Anschliessend griff das Tier mich an, zwickte mich aber nur kurz in den Finger, weil es dann von den Besitzern weggezogen werden konnte.

Schwere Krankheiten sind oft weitere Herde von Traumen, besonders wenn sie kleine Kinder treffen. So sind Arztbesuche oder gar Spitalaufenthalte in ihrem weiteren Leben meistens mit grossem Stress verbunden. Aber auch andere Probleme können auftauchen. Hier denke ich u.a. an eine meiner jugendlichen Patientinnen, welche als Kleinkind eine Darmspiegelung über sich ergehen lassen musste. Offensichtlich waren die Ärzte bei dieser Untersuchung total überfordert, denn sie erzwangen den Eingriff, gegen den sich das Kind mit ganzer Kraft wehrte und panisch schrie. Ich musste nicht nur bei ihm ein dickes Trauma lösen, sondern auch bei der Mutter, welche der Situation beiwohnte und nicht in der Lage war, ihrem Kind zu helfen. Seither reagiert sie auf jegliche Situation, bei der sie ihre Töchter bedroht sieht, sehr kämpferisch oder sogar aggressiv. Die Tochter ihrerseits lebte zu dem Zeitpunkt, als ich sie kennenlernte, völlig in einer sphärischen Welt. Sie war nicht in der Lage, sich der „harten Realität" zu stellen. Nach der Darmspiegelung hatte sie sich einfach von ihrem Körper und der materiellen Welt abgespalten, um weiteren Bedrohungen vorzubeugen. Nach einigen therapeutischen Interventionen konnten wir die Abspaltung auflösen. Nun behauptet sich die Jugendliche bestens in ihrer Umwelt, weicht auch Konflikten nicht mehr aus.

Ein Mädchen, das an einer lebensbedrohlichen Hirnhautentzündung fast gestorben wäre, litt unter mehreren Trauma-Symptomen. Die ganze Nackenregion war völlig verkrampft, zudem war das Kind sehr ängstlich und zeigte in der Schule starke Versagensängste. Dies drückte sich u.a. in eher mässigen Leistungen aus, obschon die Schülerin intelligent und fleissig war. Noch lange Zeit, nachdem wir das Trauma gelöst hatten, geriet das Nervensystem schnell aus dem Gleichgewicht, was zu viel innerem Stress führte. Ich musste dann jeweils die Energien ordnen, womit die Symptome wieder verschwanden. Allerdings begleiteten sie das Mädchen noch mehrere Jahre. Erst nach der Pubertät konnte die mittlerweile junge Frau mit voller Kraft und ohne einschränkende Ängste auf eine anspruchsvolle und erfüllende Zukunft hin arbeiten.

Massive Probleme ergeben sich in der Regel auch nach Übergriffen, seien dies Körperverletzungen oder sexuelle Handlungen. Zwei junge Männer, die durch aggressive Jugendliche schlimme Verletzungen erlitten (Schädel-Hirn-Traumen), waren anschliessend in ihrem Verhalten sehr ängstlich und konnten teilweise keine Emotionen mehr empfinden. Beide vermieden Orte mit grösseren Menschenansammlungen. Die Symptome waren sehr hartnäckig und machten lange Therapien notwendig. Einer der Männer ist seither teilweise arbeitsunfähig, weil er nur noch sehr bedingt belastbar ist. Der andere kämpfte sich ins Leben zurück, verlor aber sein tiefes Vertrauen in sich und die Welt. Emotional fühlte er sich lange Zeit wie tot, weil er teilweise ausserhalb seines Körpers lebte. Nur langsam gelang es ihm, sich mit diesem wieder zu verbinden und einen guten Einklang in sich zu finden. Beide Männer erleben starke Einschränkungen bezüglich Stressresistenz und vermeiden deshalb entsprechende Situationen.

Eine junge Frau, welche während mehrerer Jahre sexuell missbraucht wurde, hatte sich emotional total verschlossen. Sie getraute sich nicht einmal mehr, in einem Badeanzug oder Bikini in die Badeanstalt zu gehen. Zu viel Körper war für ihren Geschmack sichtbar, vor allem die ganzen Beine. Zudem schminkte sich die junge Frau dermassen, als müsse sie ihren gesamten lebendigen Ausdruck hinter einer Maske verbergen. Nur nach viel Therapie schaffte sie es, ihre Depressionen und Selbstmordgedanken loszuwerden und sich der Welt wieder mehr zuzuwenden. Eine andere junge Frau, welche „nur" eine einmalige Vergewaltigung erlitt, distanzierte sich innerlich immer mehr vom Leben. Dabei zog sie schrittweise die Energien vom Körper ab. Schlussendlich erkrankte sie lebensbedrohlich. Nun bekommt sie voraussichtlich eine IV-Rente zugesprochen, weil sie nicht mehr in der Lage ist, ihre Arbeit auszuüben. Mit unserer Therapie erlangte sie langsam wieder Lebensmut, die komplexen Ausfälle auf der Körperebene werden seither auch mit mehr Erfolg von den Medizinern behandelt. Es geht endlich aufwärts. Beide Frauen werden aber wohl für den Rest ihres Lebens Einschränkungen in verschiedenen Bereichen hinnehmen müssen.

Schlimm ist auch das Aufwachsen in einer Familie, in der ein Elternteil suchtkrank ist (Alkohol, Tabletten etc.). Ich erlebe dann häufig grosse Abneigungen gegen jedes alkoholische Getränk und/oder eine totale Überreaktion, wenn beispielsweise der Partner einen Tropfen zu viel Alkohol erwischt hat. Vermehrt stellte ich bei solchen Opfern auch eine Phobie gegen chemische Medikamente fest. Selbst wenn solche nötig wurden und die Personen dies theoretisch sogar einsahen, waren sie in ihrer Entscheidung unfrei. So versagten sie sich mitunter wichtige Therapien.

Dies sind nur einige Beispiele aus der Praxis, welche zeigen, wie sehr Traumen unsere Leben beeinflussen können. Natürlich gibt es schwerere und weniger schwere Formen davon. Einschränkend wirken sie aber alle in der einen oder anderen Art und Weise. Sie äussern sich als starke Widerstände gegen gewisse Dinge oder Gegebenheiten, als Ängste, als Panikattacken, als emotionale Dysbalance (innerer Rückzug, Aggressionen, Wutausbrüche, etc.), körperliche Verspannungen und andere Stresssymptome, Hyperaktivität, etc. Die Palette ist gross.

Ich glaube, mittlerweile ist ziemlich klar ersichtlich geworden, dass unsere Wahlfreiheit möglicherweise ein bisschen kümmerlich ausfallen könnte. Wir müssen dieser Frage folglich noch etwas nachgehen, was wir im folgenden Kapitel tun.

3.3.4 – Wie frei sind wir nun also wirklich?

Nun könnte ich dich, lieber Leser, dazu auffordern, alle Komponenten aufzuschreiben, welche dich in irgendeiner Form beeinflussen. Wie bereits in Kapitel 3.3.1 dargestellt, dürften dies etliche sein. Beispielsweise bewirkt die Kultur, in der wir aufwachsen, dass wir in bestimmte Bahnen gelenkt werden. Dazu kommen unzählige weitere Faktoren wie Erbanlagen, die u.a. den Charakter mitbestimmen; verschiedenste Erfahrungen; innere Überzeugungen und und und. Ausgarniert wird dies alles mit Ängsten und Traumen. Wenn man sich nun diese Unmenge an Einflussfaktoren bildlich vorstellt, entsteht ein dichtes Netz von Gegebenheiten, das unter Umständen ziemlich eng gewoben und wie ein inneres Korsett wirken kann.

Doch nun taucht ein grosses ABER auf: nachdem ich in Kapitel 3.2 unsere Freiheit angepriesen habe, soll nun plötzlich nichts oder fast nichts mehr von diesem kostbaren Gut vorhanden sein? Oder bin ich hier einer etwas negativen Sichtweise verfallen?

Betrachten wir die Sache also genauer: wäre es ev. möglich, dass die Schöpfung in diesem Punkt mehr Sinn ergibt, als es auf den ersten

Blick erkennbar ist? Um dies zu klären, möchte ich folgende Aspekte zu bedenken geben:

- Stell dir vor, lieber Leser, du müsstest andauernd neue Entscheidungen fällen, und zwar bei jeder Kleinigkeit. Eine Idee davon hast du in Kapitel 3.2 bekommen. Hier beschrieb ich den Tagesbeginn vom Augenblick des Erwachens an. Dabei wurde sichtbar, dass es sehr beschwerlich wäre, jede Kleinigkeit täglich neu zu entscheiden. Wir haben Gewohnheiten gebildet, welche auf Erfahrungen, Wissen, kulturellen Gegebenheiten etc. beruhen. So können wir innert kurzer Zeit unsere Routine „abspulen" lassen, womit wir bald bereit sind, uns zur Arbeit zu begeben. Weil wir somit keine oder nur wenige Entscheidungen treffen müssen, ist der Kopf während der Aufstehphase frei, damit wir uns beispielsweise einige Gedanken zum Tagesverlauf machen können. Ich persönlich benütze diese Zeit allerdings lieber, um meine spirituelle Seite zu schulen. So übe ich immer und immer wieder, meine Tage bereits von Anfang an der Spiritualität zu unterstellen. Zu diesem Zweck singe ich innerlich den ganzen Text der *Puja* (s. Glossar im Anhang). Damit beuge ich auch vor, dass ich ihn vergesse, selbst wenn ich das Ritual während längerer Zeit nicht zelebriere. Die Möglichkeit, keine Entscheidungen treffen zu müssen, ist also durchaus sinnvoll, vorausgesetzt, unsere Gewohnheiten sind vorteilhaft. Wenn wir nämlich nach dem Aufstehen unseren Geist sofort mit Schwarzmalerei beschäftigen würden, wäre dies keine gute Form, ebenso wenig wie wenn wir noch im Pyjama auf den Bus springen würden. Hier besteht also trotz Einschränkungen sehr wohl noch eine gewisse Wahlfreiheit.
- In Band 2 habe ich ausführlich beschrieben, dass die Anpassung an die Umwelt eine Notwendigkeit ist. Das bedeutet, dass wir beispielsweise den klimatischen Bedingungen gerecht werden müssen, ebenso der verfügbaren Nahrung. Es wäre nicht dienlich, in Grönland im Bikini herumzuspringen. Zudem sollten wir uns dort eher kalorienreicher ernähren, weil der Körper

vor der Kälte Schutz aufbauen muss. All diese Prozesse bedingen eine Einschränkung unserer totalen Wahlfreiheit, was jedoch sinnvoll ist und unser Überleben sichert. Innerhalb dieser Begrenzungen sind wir aber bis zu einem gewissen Mass frei. Kalorienreichere Nahrung z.B. kann aus unterschiedlichsten Zutaten bestehen, deren Zubereitung wiederum variantenreich ist. Auch die angepasste Kleidung lässt viele Möglichkeiten offen.

- Wir Menschen sind soziale Wesen und sind daher gezwungen, miteinander Lebensformen zu finden. Zu diesem Zweck müssen wir auch kommunizieren. Beides geht nur, wenn wir Vereinbarungen treffen. Also stellen wir gewisse Regeln auf, welche die Kreativität des Einzelnen bis zu einem gewissen Mass einschränken. Wir können folglich nicht frei entscheiden, ob wir bei rotem Licht die Strasse überqueren wollen oder nicht. Ebenso wenig können wir uns ein eigenes Wort ausdenken, wenn wir einen Baum benennen wollen. Wir müssen uns an das gültige Vokabular in unserer sozialen Gemeinschaft halten, sonst versteht uns kein Mensch.

Einschränkungen machen also durchaus Sinn. Die Frage ist einfach, wie weit sie gehen. Wenn sie überhaupt keine Freiheiten mehr zulassen, werden wir als Menschen eines Gutes beraubt, das eigentlich den Kern unseres Seins ausmachen würde: die schöpferische Freiheit. Fliessen also zu den absolut sinnvollen Begrenzungen noch zusätzliche ein wie beispielsweise in einer Diktatur, bei Sekten, aber auch bei Ängsten und Traumen, sind wir plötzlich so sehr eingeengt, dass unser Leben nur noch innerhalb einer schmalen Spur verlaufen kann. Dann gibt es für uns kaum noch freie Entscheidungen. Unser Verhalten ist damit weitgehend determiniert. Folglich sind wir in diesem Zustand voll berechenbar. Anhand der eingefahrenen Bahnen kann man nämlich recht genau voraussagen, für welche Schritte sich die entsprechende Person entscheiden und wie ihr Leben in einigen Jahren aussehen wird. Es wirkt dann, als wäre das Leben ein Schicksal, bei dem schon alles vorherbestimmt ist.

Bestehen aber noch genügend Freiräume, ist es eher möglich, zwischen mehreren Varianten zu wählen. Das führt dazu, dass unsere Leben nicht mehr so eindeutig berechenbar sind. Folglich treten gewisse Zukunftsszenarien nur noch mit einer gewissen Wahrscheinlichkeit ein, die mehr oder weniger gross sein kann. Dieser Umstand macht beispielsweise spirituellen Medien zu schaffen, welche Prognosen erstellen. Was bei manchen Menschen durchaus funktionieren mag, wird bei anderen zu einem Problem. So muss man sich bei Voraussagen stets bewusst bleiben, dass ein Treffer von 100% Genauigkeit nicht erwartet werden darf.

Wie erkennen wir nun aber, zu welcher Sorte Mensch wir gehören? Konkret stellt sich also die Frage: bin ich total auf einer Bahn fixiert oder bestehen bei mir Freiräume für meine Kreativität? Dies zu beurteilen ist manchmal gar nicht so einfach. Es gibt Personen, deren Leben wirkt sehr bunt. Man hat den Eindruck, sie seien völlig frei und könnten sich richtiggehend „austoben". Betrachtet man die Sache aber genauer, kann es durchaus sein, dass diese Leute grosse Angst davor haben, sich in irgendeiner Form festzulegen. Sie „hüpfen" folglich ständig im Leben umher, unfähig, eine klare und verbindliche Bahn einzuschlagen. Obschon ihre Kulissen und Requisiten ständig ändern, kann man davon ausgehen, dass sie sich in drei Jahren noch immer ziellos durch die Tage bewegen, möglicherweise nach einem ziemlich gut erkennbaren Muster. Die Wahrscheinlichkeit ist bei ihnen eher gering, dass sie sich auf einen Pfad begeben, der eine gewisse Beharrlichkeit erfordern und dazu führen würde, dass sie zu einer soliden Grundlage für weitere Entwicklungen kämen.

Dem gegenüber stehen Personen, deren Leben fast ein bisschen langweilig erscheinen mögen. Aber bei genauerem Hinsehen kann man feststellen, dass sie immer wieder Entscheidungen fällen, welche wichtige Weichen für ihre Zukunft stellen. Sie bauen zielstrebig an einem Weg, der einer inneren Vision entspricht. Etwas unspektakulär wirkt das Leben deshalb, weil jeder Schritt seine Zeit erfordert. Dadurch ergeben sich nicht fortwährend Veränderungen.

Also aufgepasst vor oberflächlichen Urteilen! Es ist nicht immer alles so toll, wie es aussieht!

Nun haben wir gesehen, dass eine gewisse Einschränkung durchaus Sinn macht. Diesen Aspekt möchte ich im folgenden Kapitel vertieft betrachten.

3.3.5 – Einschränkung als Teil jeder Entwicklung

Wer Band 2 meiner Bücher gelesen hat, soll sich nun die Kapitel zur allgemeinen Entwicklung und speziell zur Sprachentwicklung vergegenwärtigen. Ich möchte nämlich in einem weiteren Schritt aufzeigen, dass im Leben Prinzipien wirken, welche in der Regel für viele Bereiche gültig sind.

Repetieren wir kurz, wie ein Kind eine Sprache lernt:
Ein Baby ist am Anfang noch in der Lage, alle möglichen Laute zu bilden, aus denen die unterschiedlichen Sprachen bestehen. Durch die Kommunikation mit seinen Bezugspersonen hört es jedoch immer nur ein eingeschränktes Spektrum an Klängen. Dies hat zur Folge, dass sich im Gehirn entsprechende Nervenverbindungen bilden. Weil sie immer wieder benützt werden, festigen sie sich mehr und mehr. Verbindungen, welche nie oder fast nie gebraucht werden, lösen sich langsam auf. So entsteht ein stabiles Netz von Nervenverbindungen, die es erlauben, Wörter in der Muttersprache sprechen und verstehen zu können. Es findet also ein Auswahlverfahren statt. Dieses schränkt zwar ein, ermöglicht aber gleichzeitig, dass wir Menschen ein Kommunikationsmittel aufbauen können, das einzigartig ist.

Dieser Lernprozess ist sehr individuell und führt dazu, dass es Personen gibt, welche sich sprachlich mehr entwickeln als andere. Wer in sehr einfachen Verhältnissen aufwächst, wird vermutlich einen geringeren Wortschatz aufbauen, ebenso dürfte der Satzbau einfach bleiben. Es werden dann vorwiegend Phrasen benützt, die immer nach dem gleichen Schema aufgebaut sind. Hat eine Person aber das Glück, in einer eher gebildeten Familie aufzuwachsen, wird sie schlussendlich über einen grösseren Wortschatz verfügen und sich auch gewählter ausdrücken können. Dies ermöglicht ihr, sich mittels Sprache viel differenzierter in die Gesellschaft einzubringen. Beispielsweise können

Gefühle in all ihren Schattierungen mitgeteilt werden, so dass das Gegenüber ein recht genaues Bild des Sprechers bekommt. Ein Mensch mit weniger Sprachkenntnissen erklärt vielleicht einfach, er fühle sich leer, kann aber nicht weiter beschreiben, wie sich das genau in ihm wiederspiegelt. Das hat zur Folge, dass sich der Zuhörer sein eigenes Bild der Leere macht, das wahrscheinlich auf seiner persönlichen Erfahrung beruht. Ob dies aber dann wirklich auf den Sprecher zutrifft, bleibt offen. So können Missverständnisse entstehen und Mitmenschen völlig falsch eingeschätzt werden, worunter die ganze Beziehungsebene leidet.

Wir sehen: Die Einschränkung unserer sprachlichen Möglichkeiten ist zwar sinnvoll, aber nur in einem gewissen Rahmen. Wir haben ein grosses Interesse daran, dass wir innerhalb der Gegebenheiten eine grosse Fülle von Ausdrucksmöglichkeiten aufbauen können. Dies sichert uns einen differenzierten Umgang mit der Welt und gewährleistet, dass wir auch entsprechend viele Varianten unserer Möglichkeiten erkennen, zwischen denen wir dann wählen können.

Auch bei der weiteren Entwicklung des Kindes wiederholen sich Anpassungs- und somit Auswahlprozesse. Betrachten wir beispielsweise den Übergang vom Jugendlichen zum Erwachsenen. In der Pubertät sehen wir uns einer Vielzahl von Möglichkeiten gegenüber, wie wir uns als Personen und beruflich entfalten könnten. Die Suche nach einer eigenen Identität ist deshalb eine Phase, die recht turbulent verlaufen kann: die Jugendlichen erproben verschiedene Verhaltensweisen, um herauszufinden, was ihnen entspricht. Irgendeinmal legen sie sich dann auf eine gewisse Identität fest, welche ihr Erwachsenensein prägt. Damit schaffen sie eine Grundlage, in ihrem Leben gemäss ihren inneren Visionen etwas aufzubauen. Wer sich immer neu definieren muss, wird noch mit dreissig Jahren auf der Suche nach sich selbst sein und nicht wissen, welche Ziele er in welcher Form anstreben soll.

Auch in diesem Bereich gilt: wer zu eng gespurt ist, wird ein eher eintöniges Leben verbringen. Menschen, bei denen zwar grundlegende Entscheidungen getroffen wurden, vieles aber auch noch offen bleibt, haben immer wieder die Möglichkeit, sich neu auszurichten und folglich wichtige Entscheidungen frei zu fällen.

Nun haben wir den Sinn einer gewissen Einschränkung betrachtet. Als nächstes möchte ich noch einen Schritt weiter gehen und aufzeigen, dass solche Einschränkungen sogar eine Notwendigkeit sind, dass wir Menschen uns überhaupt entwickeln können.

3.3.6 – Einschränkung als Basis für Entwicklung

Als ich ein Kind war, gab es zum Geburtstag immer einen Gugelhopf, den meine Mutter nach einem alten Rezept selbst backte. Für mich war ein Gugelhopf einfach ein Gugelhopf, nämlich ein Hefegebäck mit Rosinen im Teig und Mandeln am Rand. Das Ganze war zudem mit Zucker überpudert. Alle anderen Kuchen meiner Mutter waren somit keine Gugelhopfs. Eines Tages entdeckte ich aber, dass es ein Gebäck gab, das von der Form her aussah wie der Gugelhopf meiner Mutter, aber mit brauner Schokolade überzogen war. Darunter verbarg sich ein Schokoladeteig. Ich lernte dann, dass diese Süssigkeit auch Gugelhopf genannt wurde, selbst wenn sie sich von der mir vertrauten Art unterschied. Noch später wurde ich damit konfrontiert, dass es nicht nur zwei Arten von Gugelhopf gab, sondern eine Vielzahl von Varianten. Als ich bereits erwachsen war, musste ich miterleben, dass es Leute gab, die den Gugelhopf nur unter bestimmten Umständen essen konnten. Sie hatten Diabetes, womit das Gebäck keinen Kristallzucker enthalten durfte. Ich machte also die Bekanntschaft mit einem diätetischen Nahrungsmittel. Etwas später wurde ich darauf aufmerksam, dass mein damaliger Nachbar auch keinen normalen Kuchen essen konnte, weil er Zöliakie hatte. Sein Gugelhopf musste aus einem ganz speziellen Mehl hergestellt werden. So eignete ich mir im Verlaufe des Lebens ein grosses Wissen an, was die Zusammensetzung des Gugelhopfs betraf. Da ich auch Freude am Backen hatte, merkte ich bald einmal, dass die Rezepte beliebig verändert werden konnten, wenn man die Grundprinzipien beachtete. Nachdem ich gerne Neues ausprobiere, gelangen mir teilweise sehr schmackhafte Eigenkreationen. Theoretisch hätte ich für jede Gelegenheit eine Idee gehabt, eine dafür passende Art von einem Gugelhopf zu backen. Wenn es sein müsste, könnte ich sogar einen veganen Teig herstellen, also ohne jegliche tierische Produkte wie Milch, Butter und Ei.

Diese Kreativität beschränkte sich nicht auf Kuchen, sondern begann sich im ganzen Bereich der Rezepte zu manifestieren. Mittlerweile bin ich sehr erfinderisch, wenn es um Ernährungsfragen geht. Ich kenne viele Grundrezepte, die dann als Basis für Abwandlungen dienen. Wer also eine Ernährungsfrage hat, bekommt bei mir immer eine Menge an Ideen geliefert, welche Produkte er wie zubereiten könnte. Dabei werden dann die persönlichen Anliegen des Gegenübers entsprechend berücksichtigt: Manche möchten gerne abnehmen, andere eine Reinigungskur machen, wieder andere müssen Lebensmittel ersetzen, weil sie diese nicht vertragen etc.

In diesem Beispiel wird sehr gut sichtbar, dass ich als Kind eine sehr eingeschränkte Vorstellung davon hatte, was ein Gugelhopf ist. Diese reichte aber völlig aus, denn alle anderen Kuchen meiner Mutter wurden in anderen Formen gebacken und konnten somit keine Gugelhopfs sein. Ich lernte durch diese Vereinfachung immerhin, einen Gugelhopf zu erkennen. Jeglicher Lernprozess erfordert nämlich gewisse Grundkenntnisse. Fehlen diese, wird der entsprechende Lerngegenstand später schlecht verstanden und entsprechend fehlerhaft ins bereits bestehende Wissen eingebaut. In meinem Fall bestand dieses Grundwissen aus der korrekten Zuordnung der Form, aus dem Erkennen von Rosinen, Mandeln, Zucker sowie der Unterscheidung zwischen süss und anderen Geschmacksrichtungen.

Weil es hier um ein sehr wichtiges Prinzip geht, möchte ich die Grundmechanismen in diesem Beispiel noch einmal klar herauskristallisieren:

Damit es möglich ist, sich komplexes Wissen anzueignen, muss zuerst ein Basiswissen erarbeitet werden. Dafür ist es notwendig, dass die Aufmerksamkeit des Lernenden in einem ersten Schritt auf diese Wisseneinheiten gelenkt wird. Das Kind Susi sah also die Form des Gugelhopfs und konnte sie von den Formen der anderen Gebäcke unterscheiden. Alle seine Sinne waren mit dieser Form beschäftigt. Was sonst noch zu einem Gugelhopf gehört, wie dies mit der Hefe vor sich geht etc. interessierte in diesem Moment nicht. Hier findet also ein Filterprozess statt, eine klare Einschränkung auf ein einzelnes Element. Zu diesem zentralen Merkmal des Gugelhopfs gesellte sich beim kleinen Mädchen dann bald das Wissen um den Geschmack – nämlich süss – ebenso die Erkenntnis von den Zutaten Mandeln, Rosinen und Zucker. Damit baute sich das Kind ein rudimentäres Wissen über Gugelhopf auf. Entsprechende Vorstellungen entwickelte es auch von anderen Kuchen, welche die Mutter backte. Von dieser Basis ausgehend war es dem Kind dann möglich, sein Wissen mehr und mehr zu erweitern und auszudehnen. Es erkannte bald verschiedene Arten von Gugelhopfs, lernte eines Tages auch den Unterschied zwischen Hefe und Backpulver sowie deren Verarbeitung kennen und vieles mehr. Wesentlich ist folgender Aspekt: um überhaupt die Voraussetzungen zu schaffen, komplexes Wissen aufzubauen, müssen wir in einem ersten Schritt die ganze Aufmerksamkeit und Konzentration auf basale Elemente richten. Folglich findet eine erhebliche Reduktion des Blickfeldes statt.

Fazit: Für ein Lernen von komplexen Sachverhalten ist es nötig, zuerst einen Einschränkungsprozess zu durchlaufen. Erst anschliessend ist eine Erweiterung des Wissens möglich.

Nach all den Erörterungen über die freie Wahl und Einschränkungen müssen wir nun kurz innehalten und uns wieder unserer Grundfrage zuwenden: Bin ich ein Produkt des Zufalls bzw. eine Marionette einer höheren Macht? Oder bin ich tatsächlich ein selbstbewusstes und selbstbestimmtes Wesen, das sein Leben kreativ gestalten kann? Hier erscheint es mir sinnvoll, einen kurzen Überblick über die bereits diskutierten Themen zu geben und entsprechende Schlüsse zu ziehen.

3.3.7 – Zwischenbilanz der bisherigen Kapitel

Begonnen haben wir unsere spirituelle Reise mit der zentralen Frage, wer ich eigentlich bin. Muss ich mich damit abfinden, Zufallsprodukt oder Marionette einer höheren Instanz zu sein? Oder bin ich tatsächlich ein selbstbewusstes und selbstbestimmtes Wesen, das bereits vor diesem irdischen Dasein existierte und auch nach dem Tod weiter leben und kreativ tätig sein wird? Ist Letzteres der Fall, müsste es einen Ort geben, woher ich komme und wohin ich wieder gehe. Dies wäre dann die Seelenheimat. Um dies zu ergründen, erörterte ich das Filterprinzip, welches eigentlich eine Form der Konzentration ist. Dem stellte ich eine Realität gegenüber, in der es offensichtlich eine Riesenmenge an Möglichkeiten gibt. Wiederum stellt sich die Frage: können wir hier wirklich frei wählen, welche der vielen Varianten uns zusagt? Indem wir diese Frage studierten, erkannten wir etliche Faktoren, welche eine freie Wahl einschränkten. Also doch eher Vorherbestimmung?

Gleichzeitig mussten wir aber einsehen, dass Einschränkungen uns überhaupt erst ermöglichen, ein sinnvolles Erdendasein aufzubauen. Wir konnten ja in Kapitel 3.1 klären, dass Lernprozesse nur durch Konzentration auf den Lerngegenstand möglich sind. Konzentration auf einen Punkt schliesst immer die Wahrnehmung vieler anderer Gegebenheiten aus, ist also eine Beschränkung. Da sich unser gesamtes Leben schlussendlich um den Aufbau von Wissen dreht, dürfte dieser Aspekt von grosser Bedeutung sein.

Wir stecken also offensichtlich zwischen zwei Polen: hier die unendlichen Möglichkeiten, dort der Filterprozess, also die Einschränkungen und Konzentration.

Das zweitgenannte Prinzip können wir auch Fokus nennen. Dieses Wort steht für die Fähigkeit, sich auf einen klar umrissenen Aspekt zu konzentrieren. Je schärfer der Fokus gestellt ist, umso präziser können Einzelheiten erkannt werden.

Ich gehe davon aus, dass der Fokus eines der wichtigsten und kraftvollsten Instrumente unseres Lebens ist. Somit werden wir ihn noch genauer beleuchten müssen. Dies wird in Band 4 der Fall sein. Wer allerdings das folgende Kapitel sehr aufmerksam liest, kann auch dort das Filterprinzip immer wieder erkennen und damit auch die Wichtigkeit davon vertieft erfassen.

All die Überlegungen sprechen dafür, dass ich tatsächlich ein selbstbewusstes und selbstbestimmtes Wesen sein könnte. Doch dies ist alles etwas theoretisch. Selbst wenn Theorien sehr glaubhaft sind, müssen sie auf ihre Gültigkeit hin überprüft werden. In unserem Fall würde dies bedeuten, dass ich beispielsweise entsprechende Erfahrungen beschreiben könnte. Doch – wie bereits erwähnt – ist dem leider nicht so. Folglich wenden wir uns jetzt unserer zweiten Strategie zu: dem Aufbau von Wissen und Fähigkeiten, die schliesslich erlauben, einen vertieften Einblick in die Geistige bzw. Seelenebene zu erhalten. Damit besteht die Hoffnung, dass ich mich durch die Bewusstseinserweiterung an Ausschnitte zu erinnern beginne, die mein Heruntersteigen aus der Seelenebene in diesen Körper betreffen. Deshalb, lieber Leser, möchte ich dich nun im folgenden Kapitel an meinen ersten praktischen Erfahrungen im Bereich der Esoterik teilhaben lassen.

4 – Meine Reise durch die Welt der Esoterik
4.1 – Bücher und Kurse

4.1.1 – Erfahrungen

Wie bereits gesagt: Wir schwenken nun unseren Fokus um: von der Theorie zurück in meine Lebensgeschichte. Damit stellen wir den Weg meiner Bewusstseinserweiterung ins Zentrum der Betrachtungen.

Wir erinnern uns: ich hatte das Buch von Paul Brunton gelesen. Nun stand ich also vor einer völlig neuen Welt: die Esoterik lag mir sozusagen vor den Füssen. Endlich hatte ich einen Ansatz gefunden, der mir für das Lösen meiner Todesängste geeignet erschien. Es kam mir vor, als wäre ich jahrelang um ein tiefes schwarzes Loch gekreist, dessen Schlund bedrohlich geöffnet war und mich jederzeit verschlingen konnte. Ich hatte es nicht geschafft, mit meinem damals sehr eingeschränkten Geist eine Linderung der Seelenpein zu erlangen.

Jetzt war mir klar, wie ich mein Wissen erweitern konnte, so dass ich Antworten fand. Folglich stürzte ich mich förmlich in die neue Thematik und begann Bücher zu verschlingen. Ebenso entdeckte ich, dass es wundervolle Kurse zu unterschiedlichsten Themen gab. So beschäftigte ich mich mit Pyramiden, *Tarot-Karten**, *I Ging**, Farblehre, Numerologie, Heilsteinen, *Aura Soma**, Astrologie und vielem mehr. Dabei reichte es mir nicht, nur Theorien kennen zu lernen. Ich wollte die verschiedenen Bereiche praktisch erfahren. Deshalb machte ich viele Selbsterfahrungen und Versuche. Einige besonders eindrückliche Ereignisse möchte ich in der Folge schildern, weil sie mich nachhaltig geprägt haben.
* *s. Glossar im Anhang*

Die Welt der Heilsteine
Ich weiss gar nicht mehr, wie ich die Welt der Heilsteine entdeckte. Ich erinnere mich nur, dass ich eines Tages mit anderen Interessierten bei einer älteren Dame in ihrer Stube sass und mich dort in diese Materie

einführen liess. Schon nur der Ort, wo wir alle um den Tisch sassen, war eindrücklich: überall war es ziemlich chaotisch und auch recht schmuddelig, zudem roch es penetrant nach Katzen und ihrem Urin. Unsere Kursleiterin war aber eine ausgesprochen begabte Kennerin der Materie und wusste für jede Person und jedes Leiden den richtigen Stein. Das entsprang aber nur teilweise ihrem theoretischen Wissen. Dieses war zwar eindrücklich, doch noch viel mehr bewunderte ich ihre Gabe der Intuition. Sie betrachtete einen Menschen einen Augenblick lang und konnte dann sehr genau sagen, welchen Stein er brauchte. Dabei traf sie kaum je daneben.

Hier machte ich nun eine Erfahrung, die ev. eine Erklärung für meine Frage in Kapitel 1 und 2 liefern könnte. Dort wollte ich wissen, wie man einen Lerninhalt so vermitteln kann, dass auch tiefere Ebenen davon berührt werden, die einem noch nicht bewusst zugänglich sind. Folgendes Erlebnis könnte Hinweise liefern:

Wenn diese begnadete Frau von den Steinen sprach, machte es den Eindruck, als übermittle sie uns ihr Wissen mit jeder Faser ihres Seins. Sie lebte so sehr mit dieser Materie, dass der ganze Körper darin zu schwingen schien. Als ich mich dann zu Hause in die Notizen und in zusätzliche Literatur vertiefte, merkte ich plötzlich, dass ich in einer so lebendigen Form einen Zugang zu dieser speziellen Welt hatte, die absolut neu für mich war. Es kam mir so vor, als hätte unsere Lehrerin irgendwo in mir Bahnen gelegt, die direkt in einen riesigen Wissens- und Erfahrungspool mündeten. Wenn ich mich nun mit dem vermittelten Material auseinandersetzte, war mir, als könnte ich auf diesen Bahnen direkt zu diesem Pool gleiten und dort abrufen, was mir beliebte. Eine für mich trocken gewesene Angelegenheit war plötzlich völlig lebendig geworden. Zudem spürte ich die Energie der Steine viel intensiver. Für mich bzw. meine Fragen in Kapitel 2.2 (Fragen *2a)* und *2b)*) bedeutet dies nun folgendes:

Möchte ich später eine Materie weitergeben, so dass sie auch in tiefere Wissensschichten des Lernenden eindringt, muss ich selbst vorher völlig in sie eintauchen. Das sollte nicht rein intellektuell geschehen, sondern zusätzlich durch (Selbst-)Erfahrungen. Diese sprechen nämlich ganz andere Kanäle an als nur den Intellekt. In diesem Fall spüre ich dann das entsprechende Wissen auch als körperliches Gefühl. Lasse ich als Lehrerin folglich diese ganze Fülle an Erfahrungen, Gefühlen und Wissen in meine Worte einfliessen, gebe ich eine Menge Informationen weiter, nicht nur intellektuelle. Parallel dazu fliessen dann nämlich weitere Wissenseinheiten auf ganz anderen Ebenen. Diese Zugabe kann von den Zuhörern je nach Begabung mehr oder weniger gut aufgenommen werden und vermittelt ihnen Erkenntnisse, die weit über die trockene Theorie hinausgehen. Soweit meine Hypothese. Sie wird durch mehrere weitere Erfahrungen gestützt, die ich in der Folge darstellen möchte:

- Bereits als junge Lehrerin merke ich bald einmal, dass es von grosser Bedeutung war, wie ich selbst den zu vermittelnden Lerninhalt für mich aufbereitete. Wenn ich ihn so gut verinnerlichte, dass ich ihn richtiggehend ganzkörperlich spürte und quasi gefühlsmässig in mir wahrnahm, konnte ich ihn in einer sehr lebendigen Form weitergeben. In der Regel waren die Schüler dann viel präsenter und vermochten ihrerseits das Wissen besser zu integrieren.
- An der Universität machte ich eine ähnliche Erfahrung, als ich mir für verschiedene Abschlussprüfungen Unmengen von Wissen eintrichtern musste. Damit ich die Lerninhalte der verschiedenen Fächer zu einem sinnvollen Ganzen verknüpfen und mir damit besser einprägen konnte, musste ich den Stoff so gut verinnerlichen, dass ich ihn richtiggehend ganzkörperlich spürte. Nur so erreichte ich einen Punkt, wo ich das Gelernte auch wirklich tief verstand und entsprechend wiedergeben konnte.
- Ebenfalls an der Uni merkte ich bald, dass ich während der Vorlesungen viel mehr mitbekam, wenn ich möglichst weit vorne in der Nähe des Dozenten sass. Das erlaubte mir, ihn besser wahrzunehmen, was ich als sehr vorteilhaft erlebte: die Information erreichte dann nicht nur meinen Intellekt, sondern ich konnte mich sozusagen in die Erlebenswelt der Lehrperson einloggen und das Gesagte in mir richtiggehend spüren. So verstand ich viel besser und konnte es mir auch besser merken.

Wenn ich weiter hinten sass, war dieser Effekt viel schwächer und es war für mich dann schwieriger, innerlich so mitzugehen.
- Während der Zeit, als ich als Sozialpädagogin arbeitete, musste ich einmal mit einer jungen Frau zu meiner Hautärztin gehen. Diese untersuchte ihre Patientin und informierte uns dann über die Ergebnisse. Gleichzeitig verschrieb sie Medikamente, deren Gebrauch sie uns erklärte. Die Ärztin ist eine sehr kompetente Frau, wirkt aber ziemlich kopflastig. An diesem Tag schien sie gefühlsmässig wie abwesend zu sein. Mir kam vor, als spule sie einfach ihr Wissen ab, ohne uns richtig wahrzunehmen. Es war ein eigenartiges Erlebnis: Im Prinzip bin ich sehr aufnahmefähig und verstehe neue Sachverhalte recht schnell. Aber die Worte der Ärztin waren wie leere Hülsen, ich konnte sie nur schwer verarbeiten und musste nachfragen, da ich die Hälfte gleich wieder vergessen hatte.
- In ihrem grossartigen Werk „Darm mit Charme" (s. Literaturverzeichnis im Anhang) schreibt die junge Autorin und Doktorandin Giulia Enders über viele Mechanismen in unserem Körper, welche mit der Verdauung zusammenhängen. Dabei stellt sie auf einfache und amüsante Art allerlei neue Forschungsergebnisse dar. Diese sind teilweise verblüffend, denn sie lassen die Hypothese zu, dass wir sozusagen ein zweites Hirn im Bauch haben. Das würde meiner Ansicht entgegenkommen, dass wir nicht von ungefähr von unserem „Bauchgefühl" sprechen. Hier scheint eine Form von Intelligenz zu sitzen, von der wir noch wenig wissen. Möglicherweise verfügt sie über eine Speicher- und Arbeitskapazität, die unglaublich gross ist. Eine Riesenmenge an Informationen dürfte dort gesammelt, ausgewertet und an unser Gehirn weitergeleitet werden. Wie gesagt: die entsprechende Forschung steckt noch in den Kinderschuhen, ist aber sehr vielversprechend.

Was bedeutet dies nun für mich? Ich gehe davon aus, dass ich die Inhalte meiner Buch-Texte mit Leib und Seele verstehen muss. Anders ausgedrückt: ich muss sie mit Kopf und Bauch verstehen. Erst dann kann ich sie in die richtige Form giessen. Wenn ich anschliessend das Geschriebene durchlese, muss ich ein tiefes Gefühl davon haben, dass es voll und ganz in sich stimmig ist. Bleibt dieser Effekt aus, lässt es mir in der Regel eh keine Ruhe, bis ich eine bessere Lösung finde. Das macht das Verfassen dieser Bücher (vor allem von Band 3) äusserst anstrengend, denn ich bekomme die Inhalte zwar vermittelt, aber dann muss ich sie ganz tief verarbeiten und mit all meinem bisherigen Wissen verknüpfen. Das ist nicht selten eine ziemlich grosse „Hirnakrobatik" und erfordert viel Konzentration und auch Zeit.

Soweit die Ausführungen zu den Fragen in Kapitel 2.2, wie ich möglichst viele Schichten im Leser erreiche (Frage *2b)*) bzw. wie die Lektüre der Bücher zu einem inneren Verstehen führen kann (Frage *2a)*). Nun aber zurück zu meiner Forschungsreise durch die Welt der Esoterik.

Erlebnis bei einem Kurs über Chakren
In einem weiteren Kurs machte ich eine äusserst interessante Erfahrung: der Kursleiter klärte uns über Wesen und Funktion der Chakren (s. Glossar im Anhang) auf und liess uns gleich einige Übungen machen, damit wir lernten, diese Energiezentren zu spüren. U.a. sollten wir die Herzenergie aktivieren. Zu diesem Zweck ging er bei allen Teilnehmern vorbei und legte ihnen in der Höhe des Herz-Chakras kurz die Hand auf den Rücken. Als er bei mir stand, meinte er nur, ich könne dies selbst und liess mich einfach machen. Sehr unsicher versuchte ich nun, diese Energie zu aktivieren. Bald nickte er und ging zur nächsten Person. Diese Erfahrung war für mich deshalb von grösster Bedeutung, weil ich erst nach und nach begriff, dass ich vieles, was in den Büchern stand, eigentlich instinktiv schon machte. Da mir dies aber nicht bewusst war, konnte ich eine Menge gelesener Inhalte nicht wirklich einordnen. So kam ich zum Schluss, dass ich eine blutige Anfängerin war. Erst mit der Zeit begann ich zu begreifen, dass ich vieles schon längst umgesetzt hatte, einfach ein bisschen anders als es im Buch stand, mir besser angepasst. Doch bevor ich dies merkte, interpretierte ich zu Beginn meiner Suche vieles falsch, weil ich es nicht mit meinem Erleben

in Einklang bringen konnte. Dieses Problem werde ich im folgenden Kapitel noch einmal aufnehmen.

Begegnung mit Vicky
Eine der vielleicht tiefsten Erfahrungen machte ich, als ich die Begründerin von Aura Soma, Vicky, an einem Kurs traf. Sie war schon sehr alt und blind, aber noch völlig klar im Geist. Im Verlaufe des Kurses durften wir ihr alle eine persönliche Frage stellen. Eigentlich plagten mich unendlich viele Unklarheiten, deshalb wusste ich gar nicht, welche Frage überhaupt Sinn ergab. Als ich schliesslich direkt vor ihr stand, kam mir nichts Besseres in den Sinn als zu sagen: „Ich weiss nicht, wer ich bin." Rund um mich herum schlug mir eine Welle von Missbilligung entgegen. Eine der Teilnehmerinnen sagte zu einer anderen, dass wir das doch alle nicht wüssten, folglich wäre es eine blöde Frage. Obschon sie ganz leise sprach, verstand ich gut und schämte mich abgrundtief. Doch Vicky erwiderte einfach, ich solle in der Nacht die Tür offen lassen, sie zeige es mir. Natürlich verstand ich genau, was sie damit meinte: meine innere Tür. Dennoch liess ich an diesem Abend im Schlafzimmer auch noch meine Zimmertür offen, quasi so zur Sicherheit. Als ich in der Nacht aufwachte, konnte ich mich an nichts Spezielles erinnern. So ging ich vorerst mal aufs Klo und legte mich dann wieder hin. Allerdings war ich sehr aufmerksam. Als ich schon fast am Einschlafen war, spürte ich plötzlich eine immense Kraft. Diese Kraft durchfuhr mich richtiggehend, und zwar so intensiv, dass sie mir körperliche Schmerzen verursachte. Dann war der Spuk vorbei. Doch einige Tage später, als ich ein Mittagsschläfchen machte, geschah es noch einmal. Mit Herzklopfen blieb ich eine Weile liegen, denn diese Energie war so kräftig und schmerzte mich so sehr, dass ich Angst davor hatte, sie noch einmal spüren zu müssen. Seither trat das Phänomen auch nicht mehr auf. Aber ich hatte eine Antwort bekommen: offensichtlich war ich in Wirklichkeit eine riesengrosse Kraft, von der ich wahrscheinlich nur einen Zipfel hatte zu spüren bekommen. Es war eine tief bewegende und eindrückliche Erfahrung.

Auch in anderen Kursen lernte ich etliches, ebenso bei der Lektüre unzähliger Bücher. So begann sich in mir langsam ein neues Weltbild zu entwickeln, ebenso ein neues Verständnis, wer wir Menschen in Wirklichkeit sind. Obschon die Inhalte von Kursen und Literatur variierten, konnte ich Gemeinsamkeiten erkennen und mir somit Kenntnisse über die Grundstruktur der feinstofflichen Welt erarbeiten. Damit wurde aus einem ersten kleinen Funken von Verstehen langsam eine grössere Flamme der Einsicht, die ich fleissig nährte. Die Hinweise verdichteten sich mehr und mehr, dass ich ein selbstbewusstes und selbstbestimmtes Wesen bin.

Doch nicht alles von dem, was ich vermittelt bekam, erwies sich im Nachhinein als tauglich. Da gab es einige Fallen, in die ich teilweise kurz hineintappte. Zum Glück erkannte ich sie jeweils rechtzeitig und konnte so verhindern, dass ich von meinem Weg abkam und in eine Sackgasse geriet. Diese Erfahrungen möchte ich im folgenden Kapitel schildern, denn ich erlebe in meiner Praxis häufig, dass ihnen auch heute noch viele Menschen zum Opfer fallen.

4.1.2 – Tücken von Büchern und Kursen

Zu der Zeit, als ich die ersten Schritte in die esoterische Welt wagte, war dieses Thema noch ein Randbereich für eine eher kleine Anzahl von „Spinnern". Das berührte mich aber nicht gross, denn ich wusste, dass ich mich auf dem richtigen Weg befand. Der einzige Nachteil bestand darin, dass ich vieles im Alleingang machte und kaum mit jemandem über meine Einsichten und Erfahrungen sprechen konnte. So war die Gefahr grösser, dass ich mich in der Materie verfing oder verlor. Doch – wie bereits oben erwähnt – meine grössten Stolpersteine sind auch heute noch trotz guter Kommunikationsmöglichkeiten bei vielen Leuten aktuell. Deshalb folgt hier nun die kurze Beschreibung:

- Man muss sich bewusst sein, dass viele Autoren und Kursleiter von ihren eigenen Erfahrungen ausgehen. Das ist grundsätzlich in Ordnung. Das Problem besteht aber darin, dass die vermittelten Inhalte oft zu wenig in einen übergeordneten Kontext gestellt werden. So entsteht besonders bei unsicheren Leuten oder bei Anfängern der Eindruck, dass hier etwas gelehrt wird, das „richtig" ist. Sie meinen dann, sie müssten das Gleiche spüren bzw. erleben, wenn sie auch mal so weit kommen möchten wie die Kursleiter bzw. Schriftsteller. Doch jeder erlebt seine spirituelle Natur auf seine ganz eigene Art und Weise. Wenn dem Kursteilnehmer bzw. Leser niemand hilft, dies zu erkennen, tappt er in die Falle, die ich bereits im vorangehenden Kapitel beschrieben habe: er realisiert nicht, was er in diesem Bereich bereits in sein aktuelles Leben mitgebracht hat. Weil dies alles instinktiv abläuft, kann es oft nicht als spirituelles Denken oder Verhalten erkannt werden. Folglich strebt der Suchende danach, etwas zu übernehmen, das ihm gar nicht entspricht und das er vor allem gar nicht nötig hat. Er bewundert dann all die Menschen, die offensichtlich grossartige Erfahrungen gemacht haben und bemüht sich, das Gleiche aufzubauen. Das kann aber nicht gelingen, weil er es ja schon hat, einfach in einer anderen Form.

- Vielfach wird in Büchern geschrieben, dass wir schwierige Erfahrungen einfach loslassen bzw. sie auflösen sollen. Dieser Idee muss ich aber entschieden widersprechen. *Jede* Erfahrung ist wichtig und hilft uns, später möglicherweise bessere Entscheidungen zu treffen. Es geht vielmehr darum, innerlich in Frieden mit dem als negativ erlebten Element zu gelangen. Was wir loslassen müssen, sind unser Groll, unser schlechtes Gewissen, unsere Wut etc. Ich erlebe immer wieder, wie Klienten versuchen, etwas Beschwerliches „loszuwerden", was ihnen aber nie gelingt. Die innere Intelligenz weiss zum Glück, warum sie diese Erfahrung nicht rauswerfen will. Sie könnte eines Tages der entsprechenden Person sehr dienlich sein und zu einem grossen Vorteil werden.

- Es brauchte viel Zeit und unzählige Erfahrungen und Einsichten, bis ich begriff, dass es so etwas wie die Erleuchtung der nun „vollendeten Person" nicht gibt. Viele Bücher vermitteln, dass es Ziel sein muss, diesen Punkt zu erreichen. Angeblich hat man es dann geschafft. Aber bitte: was genau hat man geschafft? Wie fühlt sich dies denn an? Was kommt nachher? Entwicklung ist ein fortlaufender Prozess, der nie aufhört. Wenn selbst mein hoch verehrter Lehrer Swamiji sagt, er sei noch ein Schüler, dann muss man sich fragen, ob die sogenannte Erleuchtung denn wirklich einen Abschluss darstellt. Zudem wage ich zu bezweifeln, dass es ein Rezept gibt, wie sich dieser Moment anfühlt. Einzelne Personen erleben vielleicht das plötzliche Eintreten eines neuen Zustandes (es gibt aber viele verschiedene Übergänge von einer Energiequalität in eine andere), andere als das automatische und völlig unauffällige Gleiten in etwas Neues.

Meines Erachtens muss es das Ziel sein, einfach weiter zu wachsen und immer mehr zu erkennen, wer wir selbst in Wirklichkeit sind und was Gott ist. Aus diesem Erkennen heraus bröckelt das Ego ganz automatisch ab und unser Gewahrsein des grossen Ganzen verändert sich. Dieser Prozess hört nicht auf, nicht einmal bei einem Meister wie Swamiji.

Die eben beschriebene Sichtweise ist oft damit verbunden, dass gleichzeitig ein statisches Gottesbild vermittelt wird. Die Menschen versuchen dann, einen bestimmten inneren Zustand zu halten, weil sie ihn als göttlicher empfinden als denjenigen, den sie von vorher kennen. Dies funktioniert natürlich nicht, denn das Leben muss *fliessen*. Die Leute sind enttäuscht, weil sie wieder in ihre „negativen Muster" fallen und eigentlich nur noch positiv und lichtvoll sein wollen. Dazu möchte ich folgendes sagen: für mich ist Gott eine hochschöpferische, kreative Kraft, die ständig am Wirken ist. Wenn ich mich mit dieser Kraft verbinden will, darf ich mir das nicht statisch vorstellen. Vielmehr muss ich fähig sein, mit-zu-FLIESSEN. Ich muss nicht etwas in mir anhalten, sondern innerlich ganz weich sein und mich von diesem göttlichen Element mittragen lassen. Damit will ich nicht sagen, dass ich zu einem willenlosen Geschöpf werde. Ich spüre lediglich, welche Schritte zu welchem

Zeitpunkt passend sind, damit ich meine eigene Kreativität in möglichst vorteilhafter Form auf dieser Erde zu realisieren vermag. Vielleicht kann man von Erleuchtung sprechen, wenn es einem gelingt, diesen Fluss wahrzunehmen und dort mitzufliessen. Das wäre meiner Meinung nach eine sinnvolle Interpretation. Nach dieser „Verschmelzung" muss weiter gebaut werden, einfach unter vereinfachten Bedingungen: statt durch das Leben zu *holpern*, kann man durch das Leben *fliessen*. Holprig wird unser Dasein nämlich dadurch, dass wir nicht genügend mit unserer Seelenebene, also unserem göttlichen Kern, in Einklang sind.

Diese ganze Thematik ist sehr umfangreich, weshalb ich sie hier vorerst nur streife. Sie wird aber im nächsten Buch, also Band 4, genauer beleuchtet werden.

Wer sich der drei beschriebenen Fallen bewusst ist, erspart sich möglicherweise einige Irrtümer. So können Bücher und Kurse zu wertvollen und inspirierenden Begleitern werden.

4.2 – Orientierung im Dschungel der Angebote

4.2.1 – Tücken der Wahlfreiheit

Am Anfang meiner spirituellen Reise war mir, als könne ich mich durch ein ganzes Dessertbuffet durchessen, angefangen beim Fruchtsalat und aufgehört bei der Eisbombe. Ich fühlte mich absolut frei, mich wahllos zu bedienen. Eigentlich könnte man davon ausgehen, dass es eh keinen falschen Weg gibt. Im Grunde genommen kann man die ewige Wahrheit überall erforschen, denn sie steckt in jedem einzelnen Atom ebenso wie im Universum. Die Lebensprinzipien sind in allem Seienden vorhanden, sonst wäre es eben nicht seiend. Alles was wir sehen und greifen können, unterliegt bestimmten Gesetzen, von denen wir bereits eine Handvoll erforscht haben. Und doch ist es nicht unwesentlich, welche Richtung man für seinen persönlichen Werdegang einschlägt. Zwei Aspekte sollte man nämlich beachten:

1) Wenn ich Fragen habe, muss ich dort suchen, wo ich auch eine entsprechende Antwort erwarten darf (vgl. Kapitel 2). Möchte ich beispielsweise wissen, was alles in einem Stück Emmentaler-Käse steckt, bin ich schlecht beraten, wenn ich mich in die Gärtnerei begebe. Ich brauche also einen kompetenten Ansprechpartner. Nun besteht aber vielleicht das Problem, dass ich möglicherweise noch keine Ahnung von der gesamten Milchwirtschaft habe. Noch viel weniger ist mir die Welt der Bakterien bekannt. Deshalb kann mich selbst der Meisterkäser nicht zufrieden stellen, denn seine Erklärungen über die Bakterienkulturen, das optimale Klima für die Reifung etc. kann ich gar nicht verstehen. Folglich wird er mich erst einmal zu einem Bauern schicken, damit ich erfahre, wo die Milch entsteht und wie sie gewonnen wird. Auch die ganzen Kreisläufe der Natur kann ich an der Seite der Kühe auf dem Hof lernen. Anschliessend wird mich der Käser für einen Kurs anmelden, wo ich mir chemische Grundbegriffe aneignen kann. Erst jetzt nimmt er mich unter seine Fittiche und zeigt mir den ganzen Prozess von der Rohmilch bis zum fertigen Käse.

Was bedeutet nun diese Metapher für meine eigene Suche? Im Grunde genommen wollte ich nur eines: den Tod verstehen. Aber wie sollte dies möglich sein, wenn ich noch ein solchermassen eingeschränktes Weltbild hatte, in dem die feinstoffliche Ebene nicht existierte? Ich musste mir also erst einmal einige Grundlagen erwerben. Dafür war es eigentlich egal, welche Kurse ich besuchte und welche Bücher ich las. Es musste lediglich dafür gesorgt sein, dass mein „Unterricht" von guter Qualität war und ich die Lerneinheiten auch einordnen und somit verstehen konnte. Da ich glücklicherweise einen ziemlich kritischen Geist habe, war ich diesbezüglich von Natur aus anspruchsvoll. Und das, lieber Leser, finde ich eine wichtige Voraussetzung für eine gute Wahl von Lehrangeboten. Lass dich nicht mit Halbheiten abspeisen. Du hast das Recht darauf, in sich logisches und für dich verständliches Material angeboten zu bekommen. Alles andere macht wenig Sinn. Folglich mein

Appell: bleib dir treu (dazu mehr in Kapitel 4.2.2)! Achte zudem deine Interessen, sie sollen abgedeckt werden. Weshalb dies wichtig ist, erörtere ich im nächsten Abschnitt.
2) Wir alle kommen mit einer bestimmten Konstellation auf die Welt: In uns schlummern Begabungen, gleichzeitig gibt es aber auch Bereiche, die mit schwierigem Karma (s. Glossar im Anhang) verbunden sind. Es wäre vorteilhaft, wenn wir unsere Studien in einem Gebiet absolvieren könnten, das uns wirklich liegt. Möglicherweise eignen sich mehrere verschiedene Themen, von denen jedes einen anderen Teil abdeckt. In diesem Fall werden überall Teilantworten gefunden, die schlussendlich zu einem Ganzen zusammengefügt werden müssen. Ich persönlich entspreche am ehesten diesem Typus. Es hielt mich nie lange an einem Ort, immer wieder tauchten neue Interessen auf, denen ich nachging. Das hatte den grossen Vorteil, dass ich nirgends hängen blieb. Dabei machte ich die Erfahrung, dass nicht ein Gebiet als solches mich wirklich interessierte, sondern all das Wissen, das *hinter* jedem einzelnen dieser Gebiete steckt. Diese Erkenntnis war wichtig, denn so begriff ich mit der Zeit, dass ich meine Forschungen ausweiten musste, weil ich sonst nicht wirklich eine Antwort auf meine Frage finden konnte. Ich erkannte also langsam, dass ich offensichtlich erst Vorstudien betrieb. Aber dieser Punkt wird dann erst im zweiten Teil genauer betrachtet.

Auf jeden Fall sollten wir – wie oben bereits erwähnt – bei der Wahl der Bücher und Kurse unseren ganz eigenen Interessen folgen. Es macht wenig Sinn, den Weg anderer Personen zu imitieren bzw. einen Weg zu wählen, nur weil er gerade als „Königsweg" gilt und alle von ihm schwärmen.

Noch heute staune ich manchmal, wie naiv ich damals war. Aber vielleicht hat mich gerade diese Naivität davor bewahrt, falsche Schritte zu machen. Ich folgte in einem kindlichen Gottvertrauen einfach meiner eigenen Intuition und machte damit instinktiv vieles richtig. Später stellte ich mir dann allerdings schon einige Fragen, beispielsweise: warum stolperte ich nie in einem grösseren Ausmass?

Diese Frage ist wichtig, denn für jeden Suchenden gilt zu jeder Zeit: man kann sich verlieren, falsche Lehren übernehmen, sektiererisch werden etc. Warum entwickelte ich mich ohne allzu viele Umwege und konnte so stetig wachsen? Im nächsten Kapitel möchte ich näher darauf eingehen.

4.2.2 – Wie bewahre ich einen Überblick?

Stell dir vor, lieber Leser, du hast das Vergnügen, vor ein riesiges Dessertbuffet gestellt zu werden (falls dir ein Salat-, Käse-, Fleisch- oder anderes Buffet lieber ist, wandle das Beispiel einfach entsprechend ab). Doch so toll, wie es auf den ersten Blick scheint, ist es möglicherweise gar nicht, denn nun entsteht ein Problem: wovon und wieviel sollst du auf deinen Teller laden? Irgendwie musst du zu einer Entscheidung gelangen. Dafür stehen dir nun verschiedene Strategien zur Verfügung:

- Du lässt dich nicht gerne auf Abenteuer ein und bedienst dich mit einer grossen Portion von etwas, das du kennst.
- Du bist neugierig und nimmst von jedem Dessert ein kleines Bisschen.
- Du hast keine Manieren, deshalb steckst du deinen Löffel in jede Schüssel und kostest erst einmal. Wenn dir etwas schmeckt, schöpfst du davon auf deinen Teller.
- Du gehst in die Küche und lässt dir vom Koch erklären, was die einzelnen Speisen enthalten. Anschliessend wählst du diejenigen Süssigkeiten aus, die deiner Ernährungsphilosophie entsprechen.
- Du lässt dich durch das Äussere leiten und packst dort zu, wo es am Leckersten aussieht.

Du siehst, es gibt viele Möglichkeiten, ans Ziel zu kommen. Doch worin besteht dieses Ziel eigentlich? Sofern wir Wert auf einen gesunden

Körper legen, wäre wohl folgendes anzustreben: ein wohliges Sättigungsgefühl mittels bekömmlicher und fein schmeckender Nahrung mit ausbalancierten Inhaltsstoffen. So gesehen helfen alle oben aufgelisteten Strategien nicht viel, wenn du die folgende nicht beherzigst: du solltest erst einmal Kontakt mit deinem Magen aufnehmen und feststellen, was dieser überhaupt zu bewältigen vermag. Auch andere Teile des Körpers wollen mitreden können, denn es fragt sich zum Beispiel, wieviel Fett du verträgst. Zudem solltest du wissen, ob eine Lactose- oder Fruktose-Intoleranz besteht oder anderes und was du sonst noch zu dir genommen hast, um zu einem ausgewogenen Verhältnis von Nährstoffen, Vitaminen und Mineralien zu kommen.

Ich denke, die eben erörterte Strategie ist der Schlüssel zum letztendlichen Erfolg. Was will ich nun mit dieser Metapher aussagen?

Als ich vor einer grossen Menge von Möglichkeiten stand, wie ich meine Neugier auf esoterisches Wissen stillen könnte, musste ich einen Weg finden, mich im Dschungel der Angebote nicht zu verlieren. Das Problem bestand darin, dass ich überhaupt keinen Überblick hatte. Zudem war mir ja gar nicht klar, was genau ich lernen sollte, ich kannte die Lernziele nicht. Mir war nicht einmal bewusst, dass ich lediglich Vorstudien betrieb, um dann irgendeinmal die zentralen Botschaften von meinem Lehrer Swamiji zu verstehen. Also erging es mir so, als würde ich mitten in einem Wald stehen und das Ziel meiner Wanderung nicht wirklich kennen. Ich sah lediglich verschiedene Wege und musste ständig wählen. Ich war also angewiesen auf irgendeine Form von Wegweisern, doch welche?

Eine meiner zentralen Strategien entsprach wohl am ehesten der folgenden: „sich beim Koch nach den Zutaten der Speise informieren". Wenn mir das beschriebene Angebot gefiel und mir der „Koch" einen guten Eindruck machte, griff ich zu. Aber gleichzeitig – und dies ist der Kern der Sache – vertraute ich einfach meiner Intuition bzw. meinem Bauchgefühl. Für mich musste es sich stimmig anfühlen. Mein Bauch gab mir eigentlich die Information, ob etwas für mich „zuträglich" war oder nicht. Zusätzlich zeigte mir der Beschrieb der Kurse, ob mir das Angebotene auch „schmecken" würde. Ob der Kurs selbst dann wirklich meinen Vorstellungen entsprach, liess sich erst beim Kursbesuch beurteilen. Trotz guter Vorbereitung konnte es natürlich noch immer unliebsame Überraschungen geben, indem die Inhalte für mich z.B. nicht logisch oder sektiererisch waren. Im Nachhinein denke ich, dass es vielleicht sogar ein Vorteil war, dass ich meinen Weg ganz alleine gehen musste. So hatte ich nämlich gar keine andere Wahl, als auf mich selbst zu hören. Weil ich zudem sehr naiv war, vertraute ich einfach dieser inneren Stimme.

Wir haben bereits weiter vorne (in Kapitel 2) gesehen, dass es offensichtlich eine Instanz gibt, die mehr weiss als uns bewusst ist. Diese hatte ich erstmals bei der Lektüre von Paul Bruntons Buch so intensiv wahrgenommen. Also wusste ich jetzt wenigstens, wohin ich mich bei Entscheidungen hinwenden musste: nämlich in die Bauchregion, aus der diese wissende Stimme gekommen war. So wurde mir ein allzu grosses Stolpern erspart und ich konnte unbehelligt auf meinem Lernweg voranschreiten.

4.2.3 – Innere Führung

Zum Zeitpunkt meiner ersten Schritte im Bereich der Esoterik wusste ich noch nicht viel von dieser neuen Welt. So hatte ich auch keine Vorstellung von einer inneren Führung. Mir war klar, dass es einen Gott gibt und möglicherweise Engel, wobei ich von letzteren nicht recht wusste, wo ich sie einordnen sollte. Zu Gott betete ich manchmal sogar, konnte mir aber kein Bild davon machen, was „Er" ist. Und dennoch fühlte ich mich immer irgendwie getragen. Diesen Teil nennt man wohl Urvertrauen. Dies äusserte sich bei mir u.a. folgendermassen:

Als kleines Kind hatte ich stets die Phantasie: wenn etwas schwierig ist, wenn ich mich verlaufe oder wenn ich Probleme habe, dann ist dies wie bei Hänsel und Gretel, die im Wald herumirren. Meine Lösung war aber nicht ein Hexenhäuschen, sondern ich stellte mir folgendes vor: ich musste mich einfach unter einen Baum legen und einschlafen. Wenn ich wieder aufwachte, war alles gut. Ich befand mich dann in einer geborgenen Situation wieder.

Dies wirkt vielleicht naiv, aber es könnte sehr gut das etwas einfach wirkende Bild eines kleinen Mädchens sein, welches etwas Richtiges wahrnahm. Heute gehe ich nämlich davon aus, dass mein verehrter Swamiji mich seit der Geburt begleitet und oft als innere Stimme zu mir sprach. Somit konnte ich nie wirklich verloren gehen. Immer und überall waren Swamijis Arme bereit, mich aufzufangen. Gleichzeitig konnte ich mich darauf verlassen, den weiteren Weg gewiesen zu bekommen.

Ich bin überzeugt, dass jeder Mensch Begleiter aus der geistigen Welt hat. Wie viele respektive was für welche kann ich nicht abschätzen. Aber alleine sind wir mit grosser Sicherheit nie. Die Kunst besteht einzig darin, dieses Geschenk auch zu nutzen. Wie gut dies einzelnen Menschen gelingt, hängt wohl von vielen Faktoren ab. Diese möchte ich hier nicht diskutieren. Jede und jeder ist aufgerufen, in diesem Bereich für sich selbst zu forschen und seine eigenen Helfer zu finden. Meine Form ist weder die einzige, noch die Beste, es ist einfach eine von vielen. In diesem Buch möchte ich aber trotzdem nur diese eine darstellen. Sie soll dir Mut machen, deine eigene zu finden.

Mit diesem Appell möchte ich Teil 1 dieses Buches abschliessen.

Teil B

Zwei Welten kommen zusammen

5 – Mein Ausgangspunkt für Lernerfahrungen

Wenn du jetzt meinst, lieber Leser, dass nach der freudigen Entdeckung und Erforschung der Esoterik mein Leben kontinuierlich heller wurde, muss ich dich leider enttäuschen. Zum Glück weiss man selten im Voraus, was einem das Schicksal vorsetzt. Bei mir folgte happige Kost. Aber nun schön der Reihe nach.

Als ich am 18. Mai 1961 im Frauenspital Bern das Licht der Welt erblickte, konnten Eltern und Ärzte ein gesundes Kind in Empfang nehmen. Seine Ärmchen und Beinchen sowie alle Fingerchen und Zehlein waren ganz normal ausgebildet, der Körper in seinen Proportionen und in seiner Ausgestaltung völlig intakt. Niemand konnte erkennen, dass es auf feinstofflicher Ebene nicht ganz so erfreulich aussah. Hier bestand nämlich eine massive Schieflage, die sich dem Betrachter folgendermassen präsentiert hätte:

Linker Arm und linkes Bein spreizten sich gegen aussen weg und schwebten förmlich wie abgespalten im Raum. Die ganze rechte Seite hing schwer nach unten durch. Es wirkte so, als würde die rechte Seite in den Abgrund gerissen, während die linken Extremitäten in die Gegenrichtung strebten, um ein vollständiges Kippen des Körpers zu vermeiden.

Verschiedene Umstände vor und bei der Geburt hatten dazu geführt, dass es mir nicht gelungen war, die Seelenenergie korrekt mit dem Körper zu verbinden. Da diese Konstellation sich nicht gut anfühlte, verliess ich gleich nach der Geburt den Körper, schwebte an der Decke oben und war wütend auf die Ärzte, welche dieses an sich freudige Ereignis betreuten. Sie schienen kein Verständnis für das menschliche Wesen zu haben. Ihre ganze Aufmerksamkeit galt einzig medizinischen Aspekten. Entsprechend herzlos wirkten ihre Handlungen. Dies schaffte natürlich keine Atmosphäre der tiefen Geborgenheit, welche ein so kleines Geschöpf dringend benötigen würde. Im Gegenteil: ich war alleine mit meinem Problem, weil meine Mutter mich auch nicht wirklich in die Arme nehmen und noch weniger bei sich behalten durfte. Unter solchen Voraussetzungen war meine missliche Lage für mich nicht lösbar, also blieb ich schliesslich vom Körper abgespalten.

Und so startete ich in diesem Leben notgedrungen mit einer starken Schieflage. Diese spürte ich jedoch nicht wirklich, da meine Verbindung zur Körperlichkeit – wie gesagt – nur lose war. Wenn es in einem solchen Fall in der darauffolgenden Zeit den betreuenden Personen nicht gelingt, dem Kind zu einer besseren Form zu verhelfen, bleibt eine solche Konstellation als Grundlage für das bevorstehende Leben erhalten und prägt somit die ganze Entwicklung. Dies war bei mir der Fall. Wie ich mich trotz allem entfaltete, wurde in Band 1 ausführlich beschrieben und soll hier nicht wiederholt werden. Ich möchte nur diejenigen Ereignisse genauer beschreiben, welche für meine spirituelle Entwicklung essentiell waren.

Wenn sich ein Baby von der Körperlichkeit abspaltet, lebt es weitgehend in einer eher verzerrten Realität, folglich ein Stück weit in einer eigenen Welt. Damit ist der Umgang mit der sozusagen „realen Welt" meistens erschwert. Bei mir war dies in hohem Mass der Fall. Solange ich ein Kind war, störte dies nicht heftig. Im vertrauten kleinen Rahmen von Familie und örtlicher Schule fand ich mich gut zurecht. Doch als ich mich nach aussen orientieren und erwachsen werden sollte, brachen meine Strategien zusammen. Ich war überfordert, fühlte mich schlecht und geriet in eine grosse Krise. So musste ich Lösungen finden, um mit meiner „neuen" Welt zurechtzukommen. Dies gelang mir einigermassen, obschon ich in mir gespalten blieb. Erst mit knapp dreissig Jahren, als ich mein Studium an der Universität Fribourg aufnahm, kam der Moment, wo ich mit meiner problematischen Konstellation nicht mehr weiter kam. Ich musste endlich auf der Erde landen, mich in meinen Körper begeben. Doch dies tat ich nicht freiwillig. Hier musste das Schicksal ein bisschen Druck ausüben, denn der Weg war dornig.

Trotz allem meinte es das Leben gut mir mir. Als dieser Schritt nämlich fällig wurde, verfügte ich dank meiner Studien und Selbsterfahrungen im Bereich der Spiritualität bereits über ein sehr ausgeweitetes Welt- und Menschenbild. Beides half mir in der Folge enorm, mich in diese grobstoffliche Realität hineinzubegeben und zu lernen, wie Leben auf dieser Ebene funktioniert. Das erlaubte mir gleichzeitig zu verstehen, wer ich in Wirklichkeit bin. Und genau von diesem Lernprozess handelt nun der zweite Teil dieses Buches.

6 – Belastungen und Ressourcen

6.1 – Einführung

In Teil 1 des Buches wirkt vieles sehr logisch und einfach. Aber die Form, wie ich zu den entsprechenden Erkenntnissen kam, war oft alles andere als leicht. Zum Glück verfügte ich trotz meiner Probleme über einige Ressourcen, die mir immer wieder halfen, Schwierigkeiten zu meistern.

Um meine Todesängste zu überwinden, war es schlussendlich notwendig, dass ich mein Bewusstsein erweiterte. Letztlich musste ich zu begreifen beginnen, wer ich bin. Die Theorien in Teil 1 mögen aufschlussreich sein, doch bewiesen war damit noch nichts. Ich musste die Wahrheit ERFAHREN. Dafür war es notwendig, dass ich mich entsprechend entwickelte. Wie dies konkret aussah, durch welche Stationen mich das Leben führte, beschreibe ich in den folgenden Kapiteln.

6.2 – Meine Zeit als Lehrerin

Geschafft! Mit knapp 20 Jahren wurde mir mein Lehrerinnendiplom in die Hand gedrückt. Nun war ich also „erwachsen", zumindest in beruflicher Hinsicht. Entwicklungsmässig entsprach ich in manchen Bereichen wohl eher einer 16-jährigen Jugendlichen, in einigen sogar einem 10-jährigen Kind. Die Schieflage bei der Geburt und viele andere Umstände hatten dazu geführt, dass ich mich, vor allem emotional, nicht altersgerecht entwickelte. Dies hatte mich als Kind nicht besonders gestört. Aber mit dem Eintritt in das Lehrerinnenseminar war ich von der neuen Situation derart überfordert, dass eine grosse Krise einsetzte. Sie ging einher mit Depressionen und dem Beginn einer Bulimie. Die vier Ausbildungsjahre warfen mich seelisch völlig aus dem Gleichgewicht. Aber irgendwie schaffte ich es dennoch, immer wieder einen Weg zu finden.

So begann eine innerlich instabile junge Lehrerin ihre berufliche Laufbahn. Da man mir meine Probleme nicht ansah und meine Zeugnisse glänzten, fand ich bald eine Stelle in Aarberg. Einzelunterricht eines Kindes sowie ein Teilpensum an der Unterstufe waren ein geeigneter Einstieg für mich. So hatte ich Zeit, mich in meine neue Rolle einzufinden. Die Kinder mochten mich schnell, denn meine Kreativität bescherte ihnen einen spannenden Unterricht. Zudem konnte ich mit meiner feinfühligen Art gut auf ihre Persönlichkeiten eingehen, was von ihnen sowie den Eltern entsprechend honoriert wurde.

Das Glück wollte es, dass ich nach diesem Jahr als Stellvertreterin die Klasse gleich ganz übernehmen konnte. Dieser Umstand war sehr wertvoll. Langsam vermochte ich so eine neue innere Stabilität aufzubauen, denn in meinem Beruf fühlte ich mich sicher.

Später folgten noch mehrere Jahre des Unterrichtens in Lyss. Insgesamt übte ich meinen Beruf während acht Jahren aus.

In dieser Zeit bekam ich immer mehr Boden unter die Füsse. Ich konnte mich in meiner Rolle als Lehrerin profilieren, war beliebt und erfolgreich. Da ich zudem ausreichend Freizeit genoss, entdeckte ich mehrere neue Hobbies. Diese beschränkten sich vorerst auf handwerkliche Tätigkeiten. Doch dann geriet mir das Buch von Paul Brunton in die Hände. Wie ich dies bereits in Kapitel 4 ausführlich schilderte, entdeckte ich bald, dass es auch im Bereich der Spiritualität spannende Kurse gab, die ich gerne besuchte.

So landete ich einmal im Rahmen der Lehrerinnen-Weiterbildung in einem *Kinesiologie*-Kurs (s. Glossar im Anhang). Diesen Ansatz fand ich sehr spannend. Als mich eine ältere Kursteilnehmerin fragte, ob ich Lust hätte, mit ihr zusammen regelmässig zu üben, war ich sofort begeistert. Ihr war aufgefallen, dass ich über eine ausgeprägte Sensitivität verfüge.

Von nun an begaben wir uns regelmässig in ihre Ferienwohnung ob dem Thunersee und arbeiteten dort jeweils einige Tage zusammen. Diese Frau hatte bereits ein recht grosses Wissen über spirituelle Themen, was für mich natürlich spannend war. Bald ermunterte sie mich zu ganz neuen Formen der Arbeit: ihr war nämlich aufgefallen, dass ich oft von vielen inneren Bildern beseelt war. Diese begann ich nun ernster zu nehmen und ihre Botschaften für mich zu entschlüsseln. Man kann wohl sagen, dass an diesem Ort der Boden für meine jetzige therapeutische Tätigkeit gelegt wurde.

Eines Tages hatte ich ein sehr eindrückliches Erlebnis. Die Kollegin und ich sassen uns in einer Meditation gegenüber. Plötzlich spürte ich, wie ich von hinten gestossen wurde. Mir war, als wolle mir jemand etwas mitteilen. So horchte ich also in mich hinein. Unvermittelt kamen Botschaften in mein Bewusstsein. Bald erkannte ich, dass diese von einer verstorbenen Person stammen mussten, die für meine Freundin eine Nachricht hatte. Sehr unsicher sprach ich diese darauf an und teilte ihr alles mit, was ich wahrnahm. Zu meinem Erstaunen konnte die Frau meine Worte sehr gut einordnen. Für sie war der Fall klar, meine Durchsagen waren korrekt. Ich selbst war eher unsicher. Aber dieses Stossen war so eindeutig gewesen, körperlich so stark spürbar, dass auch ich schliesslich glauben musste, dass da wohl etwas Reales vor sich gegangen war. Zum ersten Mal in meinem Leben hatte ich mit einer Seele aus dem Jenseits Kontakt aufgenommen. Heute ist dies keine Hexerei mehr für mich. Das „Reich der Toten" oder eben die Seelenebene ist für mich sehr greifbar.

Die Beschäftigung mit der Spiritualität half mir in zweierlei Hinsicht: erstens konnte ich so an meinen Ängsten vor dem Tod arbeiten, andererseits eignete ich mir ein Wissen an, das meine sehr bescheidene Selbstsicherheit ein klein wenig verbesserte. So fühlte ich mich mit den Jahren langsam stabiler, obschon ich noch voller Probleme steckte und weiterhin in einer Spaltung lebte. Meinen Körper spürte ich nach wie vor nicht richtig, war mit ihm kaum verbunden. Aber es störte mich nicht wirklich. Erfolg im Beruf und jetzt auch noch in der spirituellen Entfaltung beflügelten mich und verhalfen mir zu einem positiven Lebensgefühl.

Bald kam aber die Zeit, in der ich mich umorientieren musste. Im Grunde genommen war ich voller Träume, in meinem Leben noch etwas Grösseres zu leisten. Aber ich hatte keine Ahnung, was dies sein könnte. Zudem brachte ich den Mut nicht auf, irgendetwas Neues anzugehen. Erst als ich eine schwierige Klasse übernehmen musste, kam ich als Lehrerin an meine Grenzen. Der Beruf machte mir in der Folge nicht mehr so viel Spass und ich überlegte mir, ob ich mich zur Logopädin ausbilden lassen sollte. Aber eine solche Ausbildung erschien mir so riesengross, dass ich mir nicht vorstellen konnte, diese meistern zu können. Also blieb es beim Träumen.

Wieder einmal war es eine liebe Person, die mir schliesslich einen „Tritt versetzte". Bei einem Grafologie-Kurs hatte ich das Vergnügen, eine sehr weise und ältere Kursleiterin kennen zu lernen. Sie erkannte mein Potential und sah gleichzeitig, dass ich nicht handelte. Sehr nachdrücklich mahnte sie mich, Schritte zu unternehmen, um meine Träume zu verwirklichen. Erst jetzt wurde mir klar, dass ich etwas verändern musste. Ganz ernsthaft setzte ich mich nun mit der Realisation einer Ausbildung zur Logopädin auseinander. Als ich an der Uni Fribourg dann auch noch die entsprechende Aufnahmeprüfung bestand, war klar: ich wollte diesen Schritt nun machen. So führte ich die schwierige Klasse noch zu Ende und schlug dann ein neues Kapitel in meinem Lebensbuch auf.

6.3 – Meine Zeit an der Uni

6.3.1 – Krise

Nun sass ich also hier, an der Uni Fribourg. Ein alter Traum war für mich in Erfüllung gegangen: ich durfte studieren. Natürlich war ich sehr ängstlich, ob ich den Anforderungen genügen würde. Ich konnte mir fast nicht vorstellen, diesen sicher sehr schwierigen Stoff aufnehmen zu können. Die meisten Mitstudierenden hatten einen Maturitäts-Abschluss und waren zudem viel jünger als ich. Doch mit der Zeit lebte ich mich ein und erkannte, dass ich offensichtlich genügend intelligent war, hier mitzuhalten. Später wurde es mir dann sogar zeitweise langweilig, aber vorerst musste ich noch mit meinen Ängsten einen Weg finden.

Im Gegensatz zu vielen Mitstudierenden machte mir das Aufnehmen von neuem Wissen enorm viel Freude und ich genoss es, mich bar jeder Verantwortung einfach in die Vorlesungen setzen und mich berieseln lassen zu können. Das war für mich wie Ferien nach den anstrengenden letzten Jahren als Lehrerin.

Ich fühlte mich also blendend in meiner neuen Rolle, bis eines Tages der Blitz einschlug: Hals über Kopf verliebte ich mich in einen Assistenten. Ich sass einfach in seinem Seminar, als mich unvermittelt wie aus dem Nichts heraus eine heisse Welle durchfuhr. Ich konnte mir kaum erklären, was hier vor sich ging. Aber von da an fühlte ich mich innerlich von diesem Mann stark angezogen. In der Folge konnte ich mich ihm gegenüber nicht mehr unbefangen verhalten. Ich war sicher, dass auch er etwas für mich empfinden musste, anders schien es mir gar nicht möglich zu sein.

Solange ich noch in meinen Träumen schwebte, waren die Seminare bei diesem Assistenten Tages-Höhepunkte für mich. Doch irgendwie schien etwas nicht ganz so zu klappen, wie ich es mir vorstellte. Zwar meinte ich zu sehen, dass er auf meine Präsenz sehr wohl reagierte. Aber wirklich eindeutige Zeichen kamen keine. So wurde ich langsam unsicher und meine Innenwelt kam ins Schwanken. Als ich dann endlich zu kapieren begann, dass ich mich möglicherweise verrechnet hatte, brach eine Welt in mir zusammen. Wie war es möglich, dass mich meine Wahrnehmung so sehr täuschen konnte? Jahrelang war ich nun meinem inneren Gefühl gefolgt, und das mit Erfolg. Oder belog ich mich selbst? Waren diese spirituellen Ebenen allesamt nur ein Trugbild, dem ich erlegen war? Gab es vielleicht gar kein Leben nach dem Tod? War dies alles nur Einbildung gewesen? Musste ich wieder ganz bei Null beginnen und lernen, mit einem Leben klar zu kommen, das mir grauenhaft erschien: sinnloses Dasein, weil mit dem Tod eh alles ausgelöscht wurde?

Ich fiel in eine tiefe Krise, stellte alles in Frage und litt unter massiven Depressionen und Ängsten. Mein mühsam erworbenes Gleichgewicht war eingebrochen, ich war verzweifelt.

Glücklicherweise fand ich gute Hilfe bei meiner Hausärztin und einem Psychiater. Zudem hielt mich das Studium über Wasser, denn hier war ich sehr erfolgreich. Nun musste ich endlich lernen, mit dieser Welt in einen Kontakt zu kommen. Die Abspaltung war nicht mehr länger haltbar, wenn ich mein Leben wieder in den Griff bekommen wollte. Solange mir meine Phantasien so böse Streiche spielten, befand ich mich in jeder Hinsicht auf sehr wackeligem Boden. Damit du dies, lieber Leser, umfassend verstehen kannst, möchte ich in einem nächsten Schritt einige Punkte zur Wahrnehmung erläutern. Dann wird nämlich offensichtlich, weshalb meine Konstellation auf die Dauer höchst problematisch war.

6.3.2 – Wahrnehmung

Über die Wahrnehmung habe ich in Band 2 schon ausführlich geschrieben. Dort erläuterte ich u.a., wie Begriffe gebildet werden. Diesen Teil wiederhole ich kurz, damit die folgenden Ausführungen verstanden werden können. Danach gehe ich auf zwei weitere Aspekte ein, welche unsere Wahrnehmung wesentlich beeinflussen: die Filterfunktion und die sinnvolle Vervollständigung von bruchstückhafter Wahrnehmung.

Begriffsbildung

Wenn ein Kind auf die Welt kommt, ist seine gesamte Wahrnehmung noch rudimentär. Erst mit der Hirnreifung bilden sich die Sinne so weit aus, dass sie uns klare Informationen über uns und die Umwelt liefern. Während der frisch geborene Säugling noch schwarz-weiss und verschwommen sieht, wird er bald klarere Konturen und Farben erkennen. Auch ein Gefühl für den eigenen Körper muss er beispielsweise noch aufbauen. So ist es für kleine Kinder meistens kaum möglich, einen Schmerz differenziert einer Körperregion zuzuordnen. Sie fühlen sich einfach unwohl und werden dementsprechend schreien. Das Gehör ist wohl der einzige Sinn, der sich bereits im Mutterleib gut ausbildet.

Damit diese Reifeleistungen überhaupt erbracht werden können, braucht das Kind Anreize aus der Umwelt. Dafür ist der Kontakt zu Bezugspersonen unbedingt notwendig. Durch die Interaktionen mit ihnen wird der Säugling fortwährend mit Reizen konfrontiert. Langsam beginnt er, in den Situationen Regelmässigkeiten zu erkennen, die ihm eine erste Orientierung vermitteln. Dabei werden im Hirn entsprechende Nervenverbindungen aufgebaut. Diese dienen dann als Grundlage, das bestehende Wissen immer mehr zu differenzieren. Ein kleines Beispiel:

Nehmen wir einmal an, eine Mutter will ihr Kind stillen. Bevor sie es zur Brust nimmt, bindet sie ihm jeweils ein Tüchlein um, damit zurückgegebene Milch nicht gleich die Kleider bekleckert. Bald wird das Kind diese Routine kennen und bereits beim Anblick des Tüchleins ungeduldig auf die Brust warten. Es hat die Zusammenhänge begriffen und im Hirn entsprechende Verknüpfungen hergestellt. Gleichzeitig lernt es, dass dieser Stoff weich ist und sich anders anfühlt als der Nuggi. Es wird die Serviette also mit seiner Erfahrung von „weich" verbinden, den Nuggi aber eher mit der Erfahrung von „weniger weich". Später merkt es, dass dieses Stück Stoff immer dann auftaucht, wenn die Mutter gewisse Wortlaute von sich gibt, z.B. „trinken". Diesen Wortlaut verbindet das Kind wiederum mit der Erfahrung dieses Stoffs sowie mit der Nahrung. So baut es sich langsam einen Begriff auf, was „trinken an der Brust" alles beinhaltet.

Was bedeutet dies nun für unsere Wahrnehmung?
Vom ersten Tag unseres irdischen Daseins an machen wir Menschen Erfahrungen mit der Umwelt. Diese Erfahrungen werden gespeichert. Wiederholen sie sich, beginnen wir, einzelne Teile dieser Erfahrung miteinander zu verknüpfen, womit im Gehirn entsprechende Strukturen entstehen. Diese Strukturen nennen wir Begriffe. Wenn das Kind in unserem Beispiel das Tüchlein sieht, wird die ganze Struktur „trinken" aktiviert. Damit weiss es bereits zum Voraus, was zu dem ganzen Ablauf gehört und wie sich diese Erfahrung anfühlt. Später wird es lernen, dass dasselbe Erlebnis möglich ist, wenn es einen Schoppen sieht. Mit der Zeit wird sein Begriff von „Hunger stillen" beim Anblick eines Löffels aktiviert. So erweitert sich sein Wissen allmählich, indem die Grundstruktur immer mehr ausdifferenziert und erweitert wird. Ohne eine solche Struktur im Gehirn würden wir Menschen zwar die Umgebung wahrnehmen, jedoch nicht einzuordnen vermögen. Wir würden dann z.B. einen Baum sehen, könnten aber keinerlei Wissen über diesen Gegenstand in uns abrufen. Der Baum wäre für uns bedeutungslos, nichts anderes als eine leere Erscheinung. Haben wir für diesen Gegenstand aber bereits einen Begriff entwickelt, bekommt der Baum eine Bedeutung für uns. Wir wissen dann, dass er aus einem Stamm und einer Krone besteht, dass der Stamm hart ist und dass von diesem Äste

ausgehen, an denen es viele Blätter hat. Dieses ganze Wissen wird beim Anblick eines Baumes aktiviert, so dass wir nicht jedes Mal den Baum betasten müssen, damit wir wissen, wie sich die Rinde anfühlt. Das bedeutet, dass wir durch unsere Wahrnehmung Impulse aufnehmen, die wir mit bereits gemachten Erfahrungen verknüpfen. Je nachdem, wie diese Erfahrungen verliefen, werden wir entsprechendes Wissen abrufen. Dieses ist bei jedem Menschen ein bisschen anders. Nicht jedes Kind macht die gleichen Erfahrungen mit dem Gegenstand „Baum". Folglich ist ein aufgebauter Begriff immer eine individuelle Angelegenheit. Da es aber Erfahrungseinheiten gibt, die bei allen Menschen in etwa gleich sind, haben wir zumindest ähnliche Hirnstrukturen, so dass wir ungefähr das Gleiche unter dem Wort „Baum" verstehen. Wir alle haben nämlich gespürt, dass der Baumstamm hart und rau ist. Wir haben auch alle gesehen, dass sich der Stamm unten befindet und die Krone oben. Dennoch muss man sich im Klaren sein, dass nicht die Wahrnehmung als solches einen Begriff in uns erzeugt, sondern die Erfahrung, welche mit einer bestimmten Wahrnehmung gemacht wurde. Ohne diese gespeicherte Erfahrung wäre alles bedeutungslos.

Erkenntnis setzt also einen Sinneseindruck voraus, gleichzeitig aber auch gespeichertes Wissen (Begriffe).

Filterprozesse
Bereits in Kapitel 3.1 wurde die Wichtigkeit von Filterprozessen thematisiert. Unser Gehirn ist in der Lage, scheinbar bedeutungslose Sinneseindrücke auszusortieren. Diese geraten dann nicht ins Bewusstsein. Doch welche Inhalte sind nun bedeutungsvoll und welche nicht? Dies ist eine Sache der persönlichen Interpretation und folglich bei jedem Menschen anders. Je nach Lebenssituation und bereits gemachter Erfahrung finden wir gewisse Dinge sehr wichtig, andere aber nicht.

Zu dieser Tatsache erzähle ich gerne das Erlebnis einer schwangeren Frau. Sie schilderte mir, dass sie neuerdings überall Kinderwagen sowie dicke Bäuche von angehenden Müttern sehe. Vorher war ihr nie aufgefallen, dass es rund um sie herum so viele Babys gibt. Eine andere

Frau erlebte folgendes: Weil sie abnehmen wollte, stellte sie ihre Ernährung um und bemühte sich, kontrolliert zu essen. Von diesem Moment an wurde ihr plötzlich bewusst, dass an jeder Ecke in der Stadt Imbissbuden stehen. Vorher war sie achtlos an ihnen vorbeigelaufen, doch nun winkte ihr die Verführung alle paar Meter zu. Mir selbst widerfuhr ähnliches: als ich mein Haus sanierte und mir überlegen musste, in welchen Farben es anschliessend gestrichen werden sollte, wurde meine Aufmerksamkeit automatisch auf die Häuser ringsum gerichtet. Vorher hatte ich zwar die Gebäude auch alle wahrgenommen, aber eher als eine ganzheitliche Kulisse, ohne die Details zu beachten. Jetzt studierte ich plötzlich Farbkombinationen an Häusern rund um mich herum.

Diese Beispiele zeigen deutlich, dass unsere Wahrnehmung stark mit unserer Geschichte zu tun hat. Wenn eine Person als Kind beispielsweise erleben musste, wie ein Elternteil dem Alkohol erlegen war, wird sie alkoholische Getränke anders und bewusster wahrnehmen als eine Person, bei der die Eltern einfach ab und zu ein Glas Wein genossen.

Vervollständigung von Wahrnehmungsfragmenten
Das Hirn betreibt nicht nur eine Selektion, sondern es ergänzt auch bruchstückhafte Wahrnehmungen mittels gespeicherter Erfahrung. Dazu gibt es einen aufschlussreichen Selbstversuch: Wenn man ein Wortbild vor Augen hat, bei dem diverse Lücken bestehen (unvollständige Buchstaben, Auslassungen etc.), wird der Begriff möglicherweise dennoch mühelos entziffert. Automatisch wird das Fehlende vom Hirn beigesteuert. Dabei vervollständigt es wahrgenommene Bruchstücke so, dass sie für die Person Sinn ergeben. Auch hier spielt folglich der Erfahrungshintergrund der betreffenden Person eine wesentliche Rolle. Das hat zur Folge, dass dieser Mechanismus zu grossen Problemen führen kann. Dies möchte ich anhand eines Beispiels erläutern:

Nehmen wir einmal an, ich erstatte bei der Polizei eine Anzeige gegen eine Person, die mich ständig verleumdet und bedroht. Zu meinem Leidwesen gerate ich an einen Polizisten, der mir zu verstehen gibt, dass ich nicht so empfindlich sein solle, das Ganze sei nicht so schlimm. Ich werde also nicht ernst genommen. Dies erzeugt verständlicherweise sehr negative Gefühle in mir. Einige Wochen später gerate ich in eine Polizeikontrolle. Ich muss mich ausweisen, weil nach einem Drogenring gefahndet wird. Der Polizist steht nun also vor mir und wartet darauf, dass ich meine Ausweise hervornehme. Sein Gesicht bleibt undefinierbar neutral. Aufgrund der gemachten Erfahrung, dass Polizisten mich nicht ernst nehmen, glaube ich, einen sarkastischen Zug in seinem Gesicht zu erkennen. Ich fühle mich schikaniert. Ich kann mir sonst keinen triftigen Grund vorstellen, dass ausgerechnet ich „gefilzt" werde. Das verursacht in mir Wut und Aggression und entsprechend reagiere ich auf diesen Mann. Damit wiederum aktiviere ich sein Misstrauen, weil er ja absolut korrekt vorging und mich in keiner Art und Weise bedrängt hat. Seine Erfahrung sagt nun: jemand, der auf ihn so reagiert, hat mit recht hoher Wahrscheinlichkeit etwas zu verbergen. Also beginnt er, mich noch mehr auseinander zu nehmen. Ich meinerseits fühle mich darin bestätigt, dass Polizisten allesamt Ekel sind und nichts Besseres zu tun haben, als Unschuldige zu plagen und sich daran noch zu ergötzen. Obschon keiner von uns beiden den Konflikt gesucht hat, sind wir schon bald mittendrin. Weil das Gesicht des Polizisten neutral war, konnte ich nicht erkennen, ob er mir gut oder böse gesinnt war. Folglich ergänzte mein Hirn die Situation mit meinem Erfahrungshintergrund, worauf ich sicher war, ein sarkastisches Grinsen um die Mundwinkel des Mannes spielen zu sehen. Ich konnte ja nicht ahnen, dass dieser leichte Ansatz von einem Lächeln dazu dienen sollte, freundlich zu wirken.

Wir sehen also: eine Wahrnehmung kann man nicht mit dem Fotografieren eines Gegenstandes vergleichen. Sie ist immer auch mit einer gewissen Interpretation verbunden. Diese wiederum gründet auf der Erfahrung, die ein Individuum im bisherigen Leben gemacht hat. Was dies für meine eigene Situation bedeutete, möchte ich im nächsten Kapitel ausführen.

6.3.3 – Meine verschobene Wahrnehmung

Die Geschichte mit dem Assistenten lehrte mich folgendes: unser Wunschdenken kann uns böse Streiche spielen. Deshalb ist es äusserst wichtig, in nicht eindeutigen Situationen die eigene Wahrnehmung mehrfach zu überprüfen. Dies ist aber nur möglich, wenn man gleichzeitig im Austausch mit der Umwelt ist. Man muss in irgendeiner Form bestätigt bekommen, dass die wahrgenommenen Inhalte so gemeint waren, wie man es sich vorstellt. Geht es um Menschen, ist folglich die Kommunikation essentiell.

Besonders wenn man sich mit Gebieten wie der Spiritualität befasst, ist eine ständige Überprüfung der eigenen Interpretation einer Wahrnehmung wichtig. Hilfreich ist u.a. das Abgleichen der eigenen Erfahrung mit derjenigen von Personen, welche in diesem Gebiet bereits versierter sind. Ausserdem sollten die Erkenntnisse in sich logisch sein. Eine gute Portion Selbstkritik ist hier von grossem Vorteil.
Was war mir nun bei diesem Assistenten passiert?

Mit Liebe hatte ich bisher keine konkreten Erfahrungen gemacht. Ich verknüpfte sie mit meinen Vorstellungen und Träumen, die eher der Märchenwelt als der irdischen Wirklichkeit entsprangen. So war ich beispielsweise überzeugt, dass eine solch gewaltige Anziehung, wie ich sie empfand, auf einer gewissen Gegenseitigkeit beruhen musste. Damit interpretierte ich das gesamte Verhalten des Assistenten gemäss meiner Phantasie. Ein Lächeln kann jedoch vielfältige Bedeutung haben: man möchte freundlich wirken, die Gunst der Mitmenschen erlangen, zur Teilnahme am Unterricht ermuntern und vieles mehr. Durch meine rosa Brille erschien es mir jeweils sehr innig und liebevoll. Da ich nie mit diesem Mann über meine Gefühle gesprochen hatte, konnte ich meine Interpretationen kaum verifizieren. Dies machte es möglich, dass ich mich völlig in eine eigene Welt manövrierte, die von der irdischen Realität ziemlich weit entfernt war. Solange ich in meiner Abspaltung lebte, war die Traumwelt ein grosser Teil meiner Wirklichkeit. Damit lief ich ständig Gefahr, falschen Interpretationen auf den Leim zu gehen. Ich musste demnach lernen, mich dem Leben voll und ganz zu stellen, auch wenn es mir teilweise sehr garstig vorkam und in mir viele Ängste erzeugte. Folglich kam ich nicht darum herum, alte Traumen aufzulösen. Wenn meine Spiritualität sich wirklich in einer positiven und nutzbringenden Form entfalten sollte, musste ich in der Lage sein, mit meinen Wahrnehmungen sehr sorgfältig umzugehen. Also zwang mich das Leben, mir die entsprechenden Voraussetzungen nun anzueignen. Diesen Prozess möchte ich in den folgenden Kapiteln beschreiben

7 – Wege aus der Krise

7.1 – Therapie

Wenn man mitten in einer Krise steckt, ist es manchmal schwierig, nicht den ganzen Mut zu verlieren. Ich musste sehr mit mir kämpfen, damit ich mich nicht einfach fallen liess. Mir erschien das Leben nicht mehr lebenswert. In mir war es dunkel und schwarz. Die genauen Gründe für meinen inneren Absturz konnte ich damals noch nicht sehen. Ebenso wenig war für mich erkennbar, wohin mich mein Weg noch führen würde, was ich aus der Situation folglich zu lernen hatte. Ich musste einfach irgendwie weiter machen.

Auf Anraten meiner damaligen Hausärztin begab ich mich schliesslich in eine Psychotherapie. Es war das erste Mal in meinem Leben, dass ich mir fachliche Hilfe beim Aufarbeiten meiner Probleme holte. Wie schon so oft, meinte es das Schicksal gut mit mir: ich fand einen Psychiater, bei dem ich mich wohl fühlte. In den Sitzungen begannen wir nun, meine Situation zu analysieren und meine verschlungene Gefühlswelt zu untersuchen. Häufig flossen Tränen, weil mich meine Emotionen übermannten. Immer, wenn die Zeit besonders hart war und ich nur noch schwarze Löcher in mir sah, bekam ich einen Notfalltermin. Auf diese Weise fühlte ich mich gut getragen und gewann langsam wieder ein bisschen Boden unter die Füsse. Manchmal fragte ich mich, was schlussendlich dazu führte, dass mein Innenleben langsam wieder positiver wurde. Ich wusste nämlich von meiner Schwester, dass eine Therapie, bei der nur mit Gesprächen gearbeitet wird, nicht unbedingt erfolgsverheissend ist. Bei ihr scheiterten solche Ansätze auf jeden Fall immer kläglich.

Heute weiss ich, dass ein Patient in der Lage sein muss, mittels Worten Zugang zu seinen tieferen Gefühlsschichten zu bekommen. Dafür braucht es eine Fachperson, die in der Lage ist, den Patienten gut zu spüren. Wenn sie dann noch die richtigen Worte wählt und die Stimme entsprechend anpasst, kann sie die belasteten Schichten des Patienten erreichen. Ist ein Therapeut nicht in der Lage, die genannten

Bedingungen zu erfüllen, bleiben Therapiegespräche zumeist als isolierte Theorie im Raum hängen. Somit werden die „kranken Teile" nicht erreicht und folglich auch nicht behandelt. Bei vielen meiner Patienten spielt sich leider genau dies ab, so dass sie sich dann im Kreis drehen, bevor sie meine Praxis aufsuchen.

Mein Psychiater schien jedoch ein Meister seines Fachs zu sein. Offensichtlich schätzte er mich in vielerlei Hinsicht richtig ein und schaffte es dann, mittels verbaler Inputs meine verletzten Stellen aufzudecken. Folglich musste ich mich mit ihnen auseinandersetzen. Nach welchen Grundsätzen er arbeitete, weiss ich bis heute nicht; auf jeden Fall verstanden wir uns. Das war für mich damals die Hauptsache. Jetzt, als Therapeutin möchte ich sehr wohl wissen, weshalb sich gewisse Ansätze bewähren und andere nicht. Doch darauf gehe ich erst in Kapitel 8 ein.

Nach längerer Psychotherapie kam der Punkt, an dem ich merkte, dass ich an diesem Ort nicht mehr weiter kam. Meine Probleme waren u.a. in einem Bereich, in dem ich die Ansichten des Psychiaters nicht teilen konnte und mich dort auch nicht verstanden fühlte: nämlich auf der spirituellen Ebene. Sein Welt- und Menschenbild waren mir zu eng, ich fand mich darin nicht gespiegelt. Meine eigenen Vorstellungen waren noch wenig ausgereift, womit ich in diesem Bereich sehr verletzlich war und den Halt in mir selbst nur schwer finden konnte. Im Grunde genommen lebte ich in zwei Welten: einerseits war hier eine irdische Realität, andererseits hatte ich mein esoterisches Wissen und gewisse Erfahrungen im feinstofflichen Bereich. Doch wie sollte ich die beiden Ebenen zusammen bringen? Die irdische Realität fand ich teilweise hart und überfordernd. Die esoterische hingegen war zu abgehoben, als dass sie mich im Alltag wirklich hätte stützen können. Hier musste also etwas geschehen, wenn ich nicht eine gespaltene Person bleiben wollte.

7.2 – Mediale Beratung

Wiederum griff mir das Schicksal unter die Arme. Ich fand eine Therapeutin, welche sogenannte „mediale Beratung" anbot. Dabei sprach eine Wesenheit durch sie, die meine Probleme aus einem ganz anderen

Blickwinkel betrachtete. Sie ortete krankmachende Denk- und Gefühlsstrukturen und zeigte mir alte Leben auf, in denen ich sie mir erworben hatte. An diesen alten Mustern arbeiteten wir dann mit einem Verzeihens-Ritual. Dabei ging es im Grunde genommen darum, in mir mit all diesen alten Entgleisungen Frieden zu schaffen. Aber auch hier kam der Tag, an dem ich merkte, dass ich an diesem Ort keine weitere Hilfe mehr finden konnte. Irgendwie passten meine Philosophien nicht mehr mit denjenigen der Therapeutin überein. Ich wusste zwar nicht konkret, wo ich mit ihr uneinig war, aber ich spürte einfach, dass es nicht mehr stimmte.

Mit jedem weiteren Schritt in meinem Leben gelang es mir, ein Stücklein mehr mich selbst zu finden. Heute sitze ich nun selbst in der Rolle der Therapeutin und suche Wege, um den Menschen mit ihren Problemen zu helfen. Dabei bin ich bemüht, ihre Probleme umfassend zu verstehen. Mittlerweile ist mir auch bewusst, wie es mir gelingt, dieses Ziel mehrheitlich zu erreichen. Davon berichte ich dann in Kapitel 8.

Zwei weitere wichtige Pfeiler in meiner persönlichen Entwicklung waren in dieser Zeit die folgenden: die Auseinandersetzung mit den Inhalten des Studiums sowie ein Kurs bei Heinrich Hrdlicka.

7.3 – Mein Studium

Wie schon gesagt: als ich mit meiner Logopädie-Ausbildung begann, lebte ich gleichzeitig in zwei Welten: zum einen Teil in der irdischen, zum anderen Teil in einer etwas abgehobenen esoterischen Realität. Letztere hatte ich die Jahre zuvor eingehend studiert. Nun wurde ich mit ganz neuem Lernstoff versehen: mit wissenschaftlichen Fakten. Dies bereitete mir Spass und ich war sehr wissbegierig. Mit viel Eifer versuchte ich zu verstehen, welche Mechanismen in uns gemäss der Theorien wirksam sind. Da ich im Bereich der Sozialwissenschaften studierte, konnte ich mein Welt- und Menschenbild wesentlich erweitern. Besonders nachhaltig beeindruckte mich der Entwicklungspsychologe Jean Piaget, dessen Werke ich förmlich in mich aufsog. Er beschreibt die Entwicklung des Säuglings zu einer selbstbewussten Persönlichkeit (vgl. auch Band 2 meiner Bücherreihe „lerne verstehen, liebes Seelenkind"). Hier fand ich Erklärungsansätze, die mich überzeugten. Sie bildeten in der Folge eine Basis für mein eigenes Denken, auf die ich noch heute zurückgreife. Allerdings konnte ich seine Theorien nach wie vor nicht wirklich mit meiner esoterischen Ebene verbinden. Aber endlich fand ich einen brauchbaren Ansatz, der mir half, mich in dieser irdischen Dimension besser orientieren zu können. So war sie nicht mehr ganz so bedrohlich wie vorher.

Auch andere wissenschaftliche Erkenntnisse gaben mir einen guten Einblick in die Funktionskreise des Menschen. All dies diente mir sehr, reichte aber nicht aus, meine innere Spaltung gross zu verändern. Erst im Kurs bei Heinrich Hrdlicka fand ich Ansätze dafür, aus mir eine „ganze Person" zu machen.

7.4 – Heinrich Hrdlicka

Die Kurse bei Heinrich waren für mich wahrer Seelenbalsam. Ich genoss sie durch und durch. Mit seiner witzigen und liebevollen Art lehrte er uns, mit dem Leben einen konstruktiven Ansatz zu finden. Als ein begnadetes Channel-Medium liess er die geistige Welt durch sich sprechen und bescherte uns damit wundervolle Stunden. Hier erwarb ich mir eine wichtige Strategie, die noch heute zentral für mich ist, nämlich das *Spiegelprinzip*. Für Heinrich beinhaltet jede Situation eine Information, die mir hilft, mein Leben zu verstehen. Besonders, wenn mich etwas stört oder ich mich ärgere, muss ich mich fragen, wo in mir selbst ungelöste Knoten bestehen. Dabei gibt mir die entsprechende Situation Hinweise darüber, wo ich suchen muss. Wenn ich dieses Prinzip in meinem täglichen Leben anwende, bekommt alles einen tieferen Sinn und ich habe ein wunderbares Instrument zur Hand, um mein Innenleben zu erforschen. Wie das Spiegelprinzip funktioniert, möchte ich an zwei Beispielen aufzeigen:

Nehmen wir an, ich werde sehr ärgerlich, weil ich mich von einer Person übergangen fühle. Eigentlich könnte es mir ja egal sein, wenn dieser Mensch unachtsam mit dem Leben umgeht, doch dieser nagende Groll in mir zeigt, dass es mir eben nicht egal ist. Ich fühle mich missachtet und beleidigt. In diesem Augenblick muss ich mir folgende

Frage stellen: gehe ich im Moment mit etwas in meinem Leben auch unachtsam um? Übergehe ich ebenfalls andere Menschen? Oder übergehe ich vielleicht mich selbst, indem ich meiner inneren Stimme und meinen Bedürfnissen kein Gehör schenke? Wenn ich gut nach innen schaue, werde ich möglicherweise entdecken, dass ich etwas in mir unterdrückt habe, das ich aber bearbeiten müsste. Also nehme ich diesen Teil in mir ins Visier und siehe da: die Person, die mich überging, wird für mich plötzlich völlig unwichtig, weil ich jetzt nämlich Besseres zu tun habe, als meinen Groll zu pflegen. Ich erhalte die Gelegenheit, etwas in mir zu bereinigen, das ich übersehen hatte.

Ein anderes Beispiel: auf meinem Weg zur Arbeit stosse ich dauernd auf Hindernisse. Zuerst fährt ein dicker Lastwagen in einem Schneckentempo vor mir. Endlich biegt er ab, dafür stehen sämtliche Ampeln auf Rot. Schliesslich wollen bei jedem Fussgängerstreifen genau dann die Leute die Strasse überqueren, wenn ich angerollt komme. Also muss ich stehen bleiben und warten. Wenn ich Pech habe, ist ausgerechnet an diesem Morgen eine gehbehinderte Frau unterwegs, die sich mühselig auf die andere Strassenseite schleppt und mich entsprechend lange warten lässt. Anstatt zu fluchen und alle Hindernisse in die Hölle zu wünschen, hätte ich nun Zeit zum Nachdenken, und zwar über Folgendes: habe ich heute Morgen nicht ein zu grosses Tempo angeschlagen? Sollte ich mich vielleicht in Geduld üben? Würde dann möglicherweise der ganze Tag viel besser verlaufen? Oder übersehe ich durch mein inneres Tempo wichtige Dinge in mir? Ich entschliesse mich, alles ein bisschen gelassener zu nehmen. Und siehe da: sobald ich dies beherzige, komme ich plötzlich flüssig voran.

Dies sind lediglich zwei Beispiele von einer Unmenge von Möglichkeiten. Obschon ich dieses Prinzip als Theorie schnell begriffen hatte, musste ich während längerer Zeit üben, um zu erkennen, wie man es im Alltag einsetzen kann. Wenn ich auf eine Situation stiess, die für mich schwierig war, konnte ich häufig nicht auf Anhieb die innewohnende Information erkennen. Falls ich sie erkannte, wusste ich nie genau, wo in mir ich suchen musste, um mein eigenes Problem zu orten. Doch mit der Zeit gewann ich eine grosse Routine und kann heute dank dieser Strategie mein Innenleben sehr gut analysieren. So decke ich immer wieder Bereiche auf, die ich besser reflektieren muss.

Überhaupt: das Reflektieren von Lebenssituationen gehörte damals nicht zu meinen Stärken. Ich handelte sehr oft eher instinktiv und verlor keinen Gedanken daran, dass es eigentlich anders sein müsste. Wenn ich Glück hatte, konnte ich so meine Bauchstimme umsetzen, welche mir gute Wege zeigte. War aber das Pech auf meiner Seite, ging ich irgendwelchen Phantasien auf den Leim, welche durch die Gespaltenheit mein Leben ziemlich ausgeprägt durchzogen. Damit unterliefen mir Fehler, welche mich in missliche Situationen brachten. Irgendwie nahm ich das Aussen in einer ganzheitlichen Form wahr, die sich entweder gut oder eben weniger gut anfühlte. Sehr bewusst wurde mir dieser Umstand durch folgende Geschichte:

Als ich wieder einmal auf Wohnungssuche war, begleitete mich meine Schwester bei der Besichtigung eines interessanten Objekts. Wir traten ein und schauten uns die Räume an. Dabei achtete ich einfach darauf, wie es sich anfühlte, mich in diesem Haus zu befinden. Ganz erstaunt musste ich dann zur Kenntnis nehmen, dass meine Schwester in der Zwischenzeit etliche Mängel entdeckt hatte, die mir gar nicht aufgefallen waren. Kurz darauf konfrontierte sie mich mit der Tatsache, dass ich sehr unaufmerksam sei und sie gar nicht wirklich beachte. Dies empfand ich aber völlig anders. Doch ich musste zugeben, dass es mir wirklich nicht auffiel, wenn sie eine neue Brille trug oder gerade beim Coiffeur gewesen war. Ich nahm sie viel mehr gefühlsmässig wahr und konnte dann in etwa spüren, wie es ihr ging. Nun wusste ich, was ich zu üben hatte. Wie wichtig es ist, das Leben genau zu betrachten und zu reflektieren, lernte ich u.a. an der Uni. Weshalb dieser Teil für mich so relevant wurde, möchte ich im folgenden Kapitel aufzeigen.

8 – Mein Menschen- und Weltbild
8.1 – Bewusste und unbewusste Überzeugungen
Bereits in einem der ersten Seminare an der Uni wurde ich herausgefordert: ich hatte mich auf eine Frage des Dozenten gemeldet. Meine Antwort war ihm aber viel zu wenig durchdacht und er liess nicht locker, bis ich sie hinterfragte und meine Überlegungen präzise ausdrückte. Da erkannte ich, dass ich effektiv zu ungenau in meinen Aussagen war und dies korrigieren musste.

Eine ähnliche Erfahrung machte ich, als ich die erste schriftliche Arbeit verfassen musste. Hier wurde gefordert, dass bereits im Vorspann eine Begriffsklärung vorgenommen wird. Das bedeutete, dass ich genau definieren musste, was unter den Schlüsselworten in diesem Text zu verstehen war. Am Anfang war ich ein bisschen perplex, denn ich war der Meinung, dass dies doch sonnenklar sei. Aber später begann ich zu verstehen, wie wichtig dieser Punkt ist. Heute ist mir sehr bewusst, wie unterschiedlich verschiedene Leser einen Begriff interpretieren können. Dies habe ich in den Kapiteln 1 und 6.3.2 bereits ausführlich dargestellt.

Im Rahmen des Logopädie-Studiums lernten wir auch die Menschenbilder verschiedener Forscher aus dem Bereich der Entwicklungspsychologie kennen. Dabei wurde uns aufgezeigt, wie diese Experten das Menschsein definierten. Hier gab es sehr unterschiedliche Modelle. Die einen sprachen dem Menschen unbewusste Schichten zu, die man erforschen sollte. Die anderen wollten nichts von solchen Schichten wissen. Für sie existierte nur das Fass- und für sie Messbare. Eine spirituelle Ebene wurde nicht in Betracht gezogen.

Während meines Studiums empfand ich die entsprechenden Vorlesungen eher als langweilig und konnte nicht ganz verstehen, weshalb ich so etwas lernen sollte. Heute ist mir klar, wie wichtig dies ist, und zwar aus folgenden Gründen:

Wie bereits in Kapitel 7.1 beschrieben, unterzog ich mich einer Psychotherapie. Diese war bis zu einem gewissen Grad auch sehr hilfreich. Doch dann kam der Augenblick, wo für mich die Zusammenarbeit mit dem Psychiater nicht mehr funktionierte. Wir hatten sehr unterschiedliche Ansichten bezüglich der Spiritualität beim Menschen. Sein Menschenbild griff aus meiner Sicht eindeutig zu kurz. Für ihn existierten solche Bereiche, wie ich sie erforscht und erfahren hatte, nicht wirklich. Er betrachtete meine entsprechenden Ausführungen wohl eher als Phantasien und als Mittel, vor der Realität der irdischen Existenz zu flüchten. Bis zu einem gewissen Grad hatte er Recht: diese Ebenen waren für mich wirklich ein Zufluchtsort, an dem ich mich mehr zu Hause fühlte als im Alltagsleben. Aber es gab sehr wohl viele gute Ansätze in meiner spirituellen Realität, die er leider auch nicht ernst nahm. Er hatte ein eher schulmedizinisches Menschenbild, bei dem alles messbar sein musste. Mit diesem Ansatz konnte ich aber nicht viel anfangen und fühlte mich entsprechend unverstanden.

Wir alle tragen verschiedenste Überzeugungen in uns herum, wie das Leben, die Welt, der Mensch etc. funktionieren. Diese machen wir uns aber häufig nicht bewusst. Sie beeinflussen jedoch unser ganzes Denken und Handeln wesentlich. Wenn ich beispielsweise der inneren Überzeugung bin, dass wir Schweizer fortschrittlichere und damit bessere Menschen sind als alle anderen Leute auf dieser Welt, dann werde ich Ausländern entsprechend kritisch begegnen. Ich kann sie in diesem Fall nicht wirklich ernst nehmen, denn erstens weiss ich sowieso alles besser und zweitens bin ich eh zivilisierter. Also steht es mir zu, Personen aus anderen Kulturen zu kritisieren, weil sie schliesslich lernen müssen, ein höheres Niveau anzustreben. Gleichzeitig muss ich mir nicht so viel Mühe geben, an meiner eigenen Entwicklung zu arbeiten, denn die ist ja bereits sehr fortgeschritten.

Ich kann auch der Überzeugung sein, dass es die Aufgabe der Frau ist, sich um Kinder und Haushalt zu kümmern. Schliesslich ist es sie, welche den Nachwuchs zur Welt bringt und an ihrer Brust säugt. Folglich hat die Natur die Aufgaben bereits verteilt. Somit ist es wohl das Beste, wenn sie eine dienende Hausfrau bleibt und sich – bitte schön – nicht in das Weltgeschehen einmischt, das Sache der Männer ist. Es macht deshalb keinen Sinn, wenn sie höhere Ausbildungen anstrebt, denn so würde die Gesellschaft lediglich in sinnlose Schulungen investieren. Es ist besser, dieses Geld in die Förderung der Männer zu stecken.

Bin ich der Ansicht, dass die Welt nur funktionieren kann, wenn sie durch ausgewiesene Führungskräfte straff geführt wird, werde ich kaum eine Verfechterin der Demokratie sein. Ich bevorzuge dann Regierungsmodelle mit diktatorischen Ansätzen. Kommt noch die eben beschriebene Überzeugung dazu, dass Frauen an den Herd gehören, werde ich solche Aufgaben nur den Männern zutrauen.

Du siehst also, lieber Leser, Welt- und Menschenbilder definieren massgeblich, wie wir unser Leben gestalten, und zwar als Einzelperson wie auch als Kollektiv. Deshalb ist es gut, sich einmal bewusst zu machen, welche Überzeugungen man eigentlich in sich trägt. Manchmal muss man nämlich recht verdutzt erkennen, dass man im Grunde des Herzens konservativer ist, als man gedacht hat. Beispielsweise wissen wir alle, dass in den Führungsetagen von Verwaltungen und Unternehmen mehr Frauen vertreten sein sollten. In der Praxis geschieht aber wenig für eine rasche Umsetzung dieser Einsicht. Dies kommt daher, weil wir ganz tief in uns eben doch noch völlig veraltete Modelle mitschleppen.

Unsere Überzeugungen haben noch einen weiteren problematischen Aspekt: Solange ich beispielsweise davon ausgehe, dass „der ganze spirituelle Klimbim" vor allem für Leute gut ist, die entweder psychische Probleme oder zu viel Phantasie haben, werde ich diese Ebene in mir völlig ausblenden. Ich werde dann vielleicht sogar stolz sein, dass ich eine grosse Realistin bin und meine Energie nicht in sinnlosen Projekten verschwende. Vielmehr setze ich in diesem Fall meine ganzen Fähigkeiten dafür ein, meine Bedürfnisse bezüglich Geld und Macht zu befriedigen. Dass genau dieses Denken zu riesigen Problemen auf der Erde führt, kann ich nicht erkennen, denn ich fühle mich im Recht.

Einengende Überzeugungen bzw. Welt- und Menschenbilder erschweren also die Einsicht in Zusammenhänge und verunmöglichen unter Umständen die Lösung von zentralen Menschheitsproblemen. Weil wir falsche Vorstellungen davon haben, wie unsere Erde zu retten ist, werden wir auch nicht am richtigen Ort suchen, um gute Lösungen zu finden. Damit bewegen wir uns – ohne es zu ahnen – im Kreis.

Wie schon gesagt: aus diesen Gründen ist es vorteilhaft, sich bewusst zu machen, von welchen tieferen Überzeugungen man eigentlich ausgeht. Sie definieren nämlich auch die Wahrnehmung: wenn es etwas gemäss meinem Glauben nicht gibt, kann ich es folglich auch nicht sehen und werde auch nicht lernen, es zu sehen. Damit beweise ich mir selbst, dass es diese Dinge eben gar nicht gibt, sonst würden wir sie ja alle sehen können. Ich sitze also in der Falle.

Ich selbst war mir meines eigenen Welt- und Menschenbildes lange Zeit nicht wirklich bewusst. Ich spürte aber bereits in meiner Kindheit, dass hier noch andere Wesen waren, die mich begleiteten. Ebenso hatte ich eine Vision von mir, einmal etwas Besonderes auf die Beine zu stellen, das mit diesem „Anderen" zu tun hatte. Meine Offenheit gegenüber der nicht materiellen Welt half mir später, auch an Orten meine Antworten zu suchen, die damals von der Gesellschaft noch belächelt wurden.

Mittlerweile verstehe ich vieles besser und bin auch imstande, meine Ideen klarer zu fassen und mitzuteilen. So möchte ich auf den folgenden Seiten mein einfaches Modell darstellen, wie wir Menschen meiner Meinung nach in etwa funktionieren. In Teil drei dieses Buches werde ich auf diese Ausführungen noch einmal zurückkommen und aufzeigen, wozu sie mir dienlich sind.

8.2 – Mein Modellbild des Menschen

Als erstes möchte ich vorwegnehmen: es gibt unzählige Varianten von Welt- und Menschenbildern. Hier geht es nicht um die Frage, was richtig oder falsch ist. Das wissen wir nämlich alle nicht so genau. Ich denke einfach, dass es sinnvollere und weniger sinnvolle, hilfreichere und weniger hilfreiche Modelle gibt. Sobald kollektive innere Überzeugungen eine Schieflage der Gesellschaft erzeugen, wie sie in Kriegen, Ungerechtigkeiten, Unmenschlichkeiten, Umweltverschmutzung und –zerstörung zum Ausdruck kommt, stelle ich persönlich sie in Frage. Gemäß meinem Weltbild sollte Frieden auf Erden realistisch sein. Solange wir diesen nicht haben, muss ich davon ausgehen, dass unsere Modelle eben nicht dienlich sind, Pferdefüsse haben und zu kurz greifen.

In den folgenden Ausführungen geht es also nicht darum, etwas „Korrektes" darzustellen, sondern offen zu legen, welches die Grundlagen für mein eigenes Denken und Handeln sind, und zwar als Privatperson wie auch als Therapeutin.

Im Wesentlichen unterscheide ich *vier Ebenen*. Beginnen wir bei der Obersten:

Gott
Dies ist für mich die reine schöpferische Kraft, die man u.a. Gott nennen kann. Diese Kraft beinhaltet meines Erachtens zwei grundlegende Qualitäten: eine immense Liebe sowie absolutes Wissen. Sie ist in ihrem Wesen neutral und allumfassend. Das bedeutet, dass sie die reine Lebenskraft ist, welche alles Lebendige durchströmt. Aus ihr heraus entsteht die nächste Ebene:

„Göttliche Splitter"
Die reine schöpferische Kraft spaltet sich in unendlich viele Splitter auf, die zu verschiedensten Lebensformen entwickelt werden können. Eine dieser Formen ist die menschliche Seele. Diese ist nicht mehr neutral, sondern mit unterschiedlichsten Prägungen versehen. Wie das genau vor sich geht, bleibt für mich eine offene Frage, hat aber mit der kreativen Seite Gottes zu tun. Alle Seelenwesen haben die Möglichkeit, verschiedenste Ausdrucksformen anzunehmen und somit unterschiedlichste Existenz-Möglichkeiten auszuprobieren. Eine davon ist das menschliche Leben auf unserem Planeten Erde. Und damit kommen wir zu den nächsten beiden Ebenen meines Menschenbildes: die Ebene der Auren (s. Glossar im Anhang) und die Ebene des Körpers.

Auren
Damit eine menschliche Verkörperung zustande kommen kann, braucht es als Erstes eine Idee, anschliessend viele Transformations-

prozesse. Die reine Göttliche Energie kann man mit einer Starkstromleitung vergleichen, während unser menschlicher Körper einer kleinen Birne in einer Lampe entsprechen würde. Man stelle sich vor, der Starkstrom flösse in reiner Form in diese Birne ein. Das Resultat wäre verheerend: die Birne würde explodieren und verbrennen. Damit dies nicht geschieht, sind im Stromnetz Transformatoren in Betrieb, welche sicherstellen, dass wir genau diejenige Stromspannung in unsere Steckdosen erhalten, die wir für den Alltag benötigen. Ähnlich kann man sich dies beim Menschen vorstellen. Gott wäre in diesem Fall die Starkstromleitung, die Transformatoren würden den verschiedenen Energiezentren entsprechen, u.a. den uns bekannten Chakren. So wird die Seelenenergie, die bereits um einiges schwächer ist als die reine göttliche Energie, in eine feinstoffliche Form hinuntertransformiert, die verschiedenen Auren. Diese umgeben den materiellen Körper. In ihnen sind alle Informationen gespeichert, welche benötigt werden, dass ein grobstofflicher Körper entstehen kann.

Körper
Damit der Körper sich in Fleisch und Blut manifestiert, müssen die Energien der Auren noch einmal heruntertransformiert werden, und zwar in ganz verschiedene Energieformen. Da gibt es Energien, die sehr dicht und schwer sind. Sie bilden beispielsweise die Knochen. Es gibt aber auch leichtere und flüchtigere Energiequalitäten wie beispielsweise die Gefühle und Gedanken. Unser ganzes menschliches Sein ist aus solchen Energien gewoben. Wer schon einmal eine Akkupunktur-Karte gesehen hat, bekommt eine kleine Idee davon, wie kompliziert diese Energien ineinander verflochten sind. Dabei gibt es Energiefelder, aber auch Energieströme. Diese durchziehen den ganzen Körper und sind dafür verantwortlich, dass jede einzelne Zelle des Lebewesens weiss, was sie zu tun hat. Ist die Aura und somit die darin gespeicherte Information fehlerhaft, wird der Körper genau diesen Fehler nachbilden. Dann haben wir als Menschen in unserem Körper entsprechende Probleme.

In diesem Fall ist es wenig sinnvoll, lediglich den Körper zu behandeln, wie dies in der Schulmedizin meistens üblich ist. Wir müssen die nächsthöhere Ebene betrachten, die feinstoffliche, energetische. Das ist genau der Punkt, wo die alternativen Therapieformen ansetzen. Allerdings kann es trotzdem noch nötig sein, den Körper zusätzlich mit Medikamenten zu versorgen. Dies ist von Fall zu Fall verschieden.

An dieser Stelle möchte ich ein mögliches Missverständnis, das sich durch ein solches Welt- und Menschenbild einschleichen kann, gleich aus dem Weg räumen:
Grundsätzlich sind wir alle Kinder Gottes und tragen den göttlichen Funken in uns, demnach sind wir grundsätzlich alle gut. Sobald wir in einem Körper auf dieser Welt geboren werden, vergessen wir aber leider, wer wir in Wirklichkeit sind. Deshalb bauen wir sehr viel Ego auf. Damit haben wir die Tendenz, unsere Befriedigung auf der rein materiellen Ebene zu suchen. Dies wiederum kann zu einem Lebensstil führen, der geprägt ist von Gier, Machtansprüchen, Ängsten und anderen negativen Eigenschaften. Wenn wir hier nicht aufmerksam sind und nur noch das Gute im Menschen sehen wollen, werden wir leicht Opfer von Personen, welche sich auf unsere Kosten ihre Egowünsche erfüllen. Wir müssen also immer doppelspurig denken: Grundsätzlich tragen wir zwar alle das Gute in uns. Gleichzeitig sind wir aber auch auf der materiellen Ebene sehr aktiv und leben dort möglicherweise unsere schlechtesten Eigenschaften aus. Das „Gute" und das „Böse" sind gewissermassen gleichzeitig vorhanden. Es ist zwar richtig, auch das Licht in einem fehlbaren Menschen zu sehen, gleichzeitig sollten wir aber diese Person in ihre Grenzen verweisen und uns schützen. Dabei müssen wir manchmal auch zu Massnahmen greifen, die wir nicht gerade als göttlich empfinden (jemanden verurteilen und strafen). Aber solange wir in einem Körper leben, sind wir gezwungen, klar zu unterscheiden und mit unseren irdischen Mitteln den eigenen Raum zu bewahren.

Wie bereits gesagt spürte ich bereits als Kind die Präsenz von Wesen, welche für uns normalerweise nicht sichtbar sind. Diese Erfahrung prägte mein Menschen- und Weltbild nachhaltig. Die bewusste Auseinandersetzung mit meinen Überzeugungen begann aber erst mit der

Entdeckung der Esoterik. Während des Studiums wurde sie später vertieft und führte schliesslich zum eben dargestellten Modell. Doch so schön dieses aussehen mag: bis noch vor kurzer Zeit änderte es nichts an der Tatsache, dass ich in mir selbst seine Teile nicht zusammenbrachte. Ich verfügte jetzt zwar über Erfahrungen in den höheren sowie den tieferen Ebenen, aber irgendwie ergab es nicht ein Ganzes, das sich als mich selbst angefühlt hätte. Wie sollte ich je erkennen, wer ich wirklich bin, wenn ich in mir gespalten und dadurch meine Wahrnehmung verschoben war? Wie war es möglich, die Gegensätze zwischen wunderbaren Theorien und einem weniger wunderbaren Alltagsleben zu verbinden? Meine Welt und mein Bild von mir waren eine Ansammlung von interessanten Puzzlesteinen, jedoch weit entfernt von einer Erfahrung, die mir hätte zeigen können, dass ich im Grunde genommen ein selbstbewusstes und selbstbestimmtes Seelenwesen bin. Dieser Prozess stand mir noch bevor. Er wird Thema des nächsten Teils dieses Buches sein.

Teil C

Die Integration der beiden Welten

9 – Beginn der Ganzwerdung

9.1 – Swamiji

Wenn die Zeit reif ist, holt der Meister seinen Schüler zu sich. Und so rückte der Tag näher, an dem Swamiji in mein Leben trat. Wie dies geschah, wird in Band 1 dieser Bücherreihe „Gute Reise, liebes Seelenkind" beschrieben. Deshalb möchte ich es nicht wiederholen. Auch meinen verehrten Meister Swamiji habe ich dort ausführlich vorgestellt. So verweise ich in diesem Band lediglich auf den Anhang, den ich ebenfalls von Band 1 übernommen habe.

Eigentlich war ich immer davon ausgegangen, dass ICH etwas finden müsste. Doch Swamiji betonte wiederholt, dass ER derjenige ist, der die Initiative ergreift. Wie das genau funktioniert, bleibt uns wohl ein Rätsel. Es ist jedoch unheimlich spannend, die Geschichten verschiedener Schüler meines Meisters zu erfahren. Teilweise sind die Wege recht abenteuerlich, die zu Swamiji führen. Wer Lust hat, sich in diese Geschichten zu vertiefen, dem seien folgende Bücher empfohlen: „Geschenkte Erfahrungen" und „Wunder seiner Heiligkeit" (s. Literaturverzeichnis im Anhang).

Was ist nun aber darunter zu verstehen, wenn ich davon spreche, dass ich aus mir ein Ganzes machen sollte? Ich denke, so viel ist klar: solange ich mich als zersplittert empfinde, bin ich nicht mit meinem innersten Kern verbunden. Dieser müsste sich nämlich gemäss Aussagen unserer spirituellen Meister als eine Einheit anfühlen. Eine solche konnte ich aber nicht wahrnehmen. Also war ich genötigt, weiter zu suchen. Ich musste und muss noch heute mein Bewusstsein so lange ausdehnen, bis das für mich noch Unfassbare fassbar würde bzw. wird. Nur so ist es möglich zu erkennen, wer ich bin.

Offensichtlich war ich reif genug für einen wesentlichen Schritt in die gewünschte Richtung. Somit trat Swamiji in mein Leben. Um den nun folgenden Prozess verständlich zu machen, möchte ich hier ein Bild einfügen.

Wir alle kennen sie, die grossartigen Holz-Schnitzereien, die in Brienz, im Berner Oberland (Schweiz), von Meistern ihres Faches hergestellt werden. Um dieses Handwerk zu lernen, gibt es verschiedene Möglichkeiten, beispielsweise die Schule für Holzbildhauerei in Brienz. Von dort kommen u.a. die bekannten wundervoll geschnitzten Krippenfiguren. Nehmen wir nun einmal an, ich möchte diese Kunst erlernen und finde einen geeigneten Ausbildungsplatz für mich. Die Schule wird von einem Meister geleitet, der jedoch selten persönlich in Erscheinung tritt. Geschult werde ich deshalb von seinen Lehrern, die ausgewiesene Profis sind und Wert darauf legen, mir eine solide Grundlage zu verschaffen. Nachdem sie festgestellt haben, dass ich geschickte Hände und eine künstlerische Ader habe, beginnen sie mich zu schulen. Dabei möchten sie, dass ich am Anfang ein Basiswissen aufbaue. Deshalb lassen sie mich zuerst Studien machen, wie man einen menschlichen Körper darstellen und seinen Charakter herausarbeiten kann. Dafür schicken sie mich in Kindergärten, Schulen, Altersheime sowie an verschiedenste Anlässe, wo ich die Menschen und ihre diversen Ausdrucksweisen beobachten muss. Anschliessend sollte ich sie detailgetreu auf Papier bringen. Dasselbe fordern sie mit Tieren und allerlei Gegenständen. Ich muss mich also mit der Alltagsrealität auseinandersetzen, meine Wahrnehmung schulen und gleichzeitig meine Fähigkeit, diese festzuhalten.

Neben diesen Basis-Studien lassen mich meine Lehrer aber auch auf einer ganz anderen Ebene arbeiten: sie tragen mir Übungen auf, mit denen ich meinen künstlerischen Ausdruck schule. Dabei muss ich meinen Gefühlen Form geben, wobei ich bei den gestalterischen Mitteln sehr frei bin. So kann ich viele Materialien und Ausdrucksweisen ausprobieren und dabei erfahren, mit welchen Formen ich mein Innenleben am besten darzustellen vermag.

Zu diesem Programm kommt noch ein dritter Punkt: ich muss mich mit all den Werkzeugen und Hölzern vertraut machen, die mir als zukünftige Holzschnitzerin zur Verfügung stehen. Jeden einzelnen Meissel muss ich an verschiedenen Holzarten ausprobieren und dort ein Lehrstück herstellen. Dabei gibt es Werkzeuge, die mir mehr zusagen als andere. Ebenso merke ich, dass ich mit einzelnen Werkstoffen besser arbeiten kann als mit anderen. Zudem entdecke ich, dass gewisse Kombinationen von Werkzeugen und Holzarten mir behilflich sind, ganz spezifische Themen optimal darzustellen. So wähle ich beispielsweise andere Materialien, wenn ich nur einen Kopf schnitzen möchte, als wenn ich ein ganzes Tier in Arbeit nehme.

Eines Tages kommt der grosse Moment: der Meister persönlich ruft mich zu sich und erklärt mir, dass ich nun meine Grundstudien erfolgreich abgeschlossen habe. Jetzt muss ich beweisen, wozu ich fähig bin. Die Zeit ist gekommen, mein Meisterstück in Angriff zu nehmen. Das bedeutet, dass ich nun aufgefordert bin, all das Gelernte anzuwenden. Dafür bekomme ich verschiedene Aufträge, die ich in absolut freier Form erfüllen kann. Ich wähle also selbständig die Werkzeuge und Hölzer aus und wende die erworbenen Fähigkeiten nach meinem eigenen Gutdünken an, um ausdrucksstarke Figuren zu schnitzen. Während ich vorher einzelne Teile studieren und üben musste, stehe ich jetzt vor der Aufgabe, mit all diesen Möglichkeiten zu spielen, um meine Fähigkeiten optimal zur Geltung kommen zu lassen.

Und genau an diesem Punkt stand ich nun, als Swamiji in mein Leben trat: ich hatte in verschiedensten Bereichen meine Studien betrieben und vieles dabei gelernt. Doch jetzt kam die Zeit, in der ich all meine Fähigkeiten dazu nutzen musste, etwas zu erschaffen. Dabei war ich aufgefordert, die vielen Einsichten und Erfahrungen aus meinem bisherigen Leben zu einem Ganzen zusammenzufügen. Während dieses Vorgangs konnte ich mehr und mehr begreifen, wie alles zusammenhing, wie die irdische und die feinstoffliche Ebene zusammenspielten. Damit erarbeitete ich mir eine Grundlage, schlussendlich mich selbst zu verstehen. Gleichzeitig erweiterte ich so mein Bewusstsein, womit ich in der Lage war, mich langsam an meine Seelenheimat zu erinnern. Wie dieser ganze Prozess erfolgte, werde ich in Kapitel 9.3 beschreiben. Nur so viel zum Voraus:

Swamiji war wie ein Coach an meiner Seite. Er schulte mich auf einer inneren Ebene so, dass ich verstehen lernte, wie die Umsetzung meiner Visionen realisierbar war. Wenn ich vor wichtigen Entscheidungen stand, war ich aufgefordert, die jeweilige Situation genau zu analysieren und aufgrund des Gelernten einen konstruktiven Weg zu wählen. Dort, wo ich mit meinen Möglichkeiten eine solche Entscheidung noch nicht wirklich zu fällen vermochte, durfte ich mich auf die innere Führung des Meisters verlassen. Ich spürte dann jeweils sehr genau, welche Variante für mich die günstigste war. So lenkte Swamiji meine Schritte, womit ich beginnen konnte, mein Meisterstück langsam in Angriff zu nehmen. Und an dieser grossen Aufgabe arbeite ich weiterhin, allerdings bereits mit mehr Möglichkeiten als noch vor einigen Jahren. Bevor ich auf diesen Punkt aber näher eingehe, möchte ich im folgenden Kapitel noch einmal das Thema von Kapitel 3 aufnehmen: war das, was mir wiederfuhr, eigentlich Zufall oder Schicksal? Noch immer ist die Frage offen, ob ich ein selbstbewusstes und selbstbestimmtes Seelenwesen oder ein Zufallsprodukt bzw. eine „Marionette eines launischen Gottes" bin.

9.2 – Zufall oder Schicksal oder freie Wahl?

Einmal mehr stellt sich nun konkret die Frage: wie frei sind wir eigentlich in unseren Entscheidungen? In wieweit wird das Leben durch Schicksal bestimmt, in wieweit vom Zufall?

Wenn ich meine ganze Situation betrachte, wie Swamiji Teil von meinem Leben war bzw. wurde, komme ich nicht um das Gefühl herum, dass hier eine sehr genaue Planung vorliegt. Deshalb möchte ich meine Überlegungen an dieser Stelle ein bisschen vertiefen:

Ich gehe davon aus, dass wir als Seelen mehrfach auf die Erde kommen und hier häppchenweise lernen, mit der Materie umzugehen. In unseren ersten Inkarnationen waren wir möglicherweise nicht einmal Menschen, sondern Materie in einer anderen Form (Tiere, Bäume etc.). Sobald wir als menschliche Wesen diese Erde betraten, begann der Prozess der Abspaltung von der göttlichen Ebene: wir vergassen, wer wir in Wirklichkeit sind, nämlich strahlende Seelenwesen. Von diesem Moment an fürchteten wir den Tod, denn wir identifizierten uns meist völlig mit dem Körper. Um unser körperliches Überleben zu sichern, formten wir ein Ego. Das hatte zur Folge, dass sich negative Eigenschaften wie Gier, Machtstreben Eifersucht u.a. entwickelten. Unsere grosse Aufgabe besteht nun darin, uns wieder an die göttliche Ebene zurück zu erinnern und auch auf der Erde unser wahres Sein mehr und mehr zum Ausdruck zu bringen. Das bedeutet, dass wir Ego abbauen müssen.

Wie schon gesagt, geschieht der Lernprozess in kleinen Schritten. Diese sind nicht einfach dem Zufall überlassen, sondern wir erhalten die Möglichkeit, sie teilweise gezielt zu planen. Dabei bekommen wir Hilfe von Seelen, die bereits mehr Erfahrungen mit der irdischen Ebene haben. Dies dürfte in etwa folgendermassen über die Bühne gehen:

Nachdem wir ein Leben beendet haben, werten wir dieses aus. Wir betrachten, was wir in den vergangenen Erdenjahren erreichen konnten, was uns in dieser Zeit gelang bzw. was uns weniger gut gelang. Bevor wir uns auf ein neues Leben einlassen, nehmen wir uns bestimmte Lernziele vor, die wir erreichen möchten. Entweder müssen wir gewisse Erfahrungen noch einmal machen, weil wir den entsprechenden Lernprozess im vergangenen Leben nicht bewältigen konnten, oder wir nehmen uns neue Ziele vor. Anschliessend kommt die detaillierte Planung: Wo möchte ich geboren werden? Welche Kultur ist für mich günstig? Wer sollen meine Eltern sein? Welche Menschen möchte ich in dieser Existenz kennenlernen? Da gibt es mit Sicherheit tausend Dinge, die wir durcharbeiten und zu denen wir uns Gedanken machen. Bereits beim Bestimmen der Eltern und damit des Umfeldes, wo wir heranwachsen werden, sind gewisse Faktoren wie Erbgut, Art des Aufwachsens, bestimmte Möglichkeiten spezieller Förderung (z.B. als Künstler, weil die Eltern ebenfalls Künstler sind) klar definiert. Dies lässt sich bis zu einem bestimmten Grad vorausberechnen. Dann gibt es aber auch Wünsche wie z.B. die Begegnung mit einer bestimmten Person, mit der wir eine Familie gründen möchten. Wir müssen also mit der entsprechenden Seele in Verbindung treten und vereinbaren, wie dies geschehen soll. Hier planen wir sehr genau und bauen vermutlich gewisse Sicherheiten ein, damit wir uns auf der Erde wirklich begegnen. Solche Momente im Leben könnte man wohl als Schicksal betrachten, weil sie mit einer grossen Wahrscheinlich gemäss klarem Plan eintreten werden. Das trifft auch auf gewisse schmerzhafte Erfahrungen zu, die uns dazu zwingen, Lernprozesse zu durchlaufen, die wir nicht freiwillig angehen würden.

Man muss sich zudem vorstellen, dass wir während des Schlafens mit unserem Geist in anderen Dimensionen tätig sind. Ich gehe davon aus, dass wir auch dort fortwährend am Beurteilen und Planen sind. So klären wir unsere Situation ständig ab, ebenso die weiteren Möglichkeiten und Schritte. Man sagt bei wichtigen Entscheidungen nicht umsonst, man solle zuerst eine Nacht darüber schlafen. Am nächsten Tag ist einem in der Tat oft klarer, wie man handeln möchte.

Nicht alles, was man plant, verläuft schlussendlich so, wie es vorgesehen war. In diesem Fall nehmen wir uns zwar Dinge für ein Leben vor, können unsere Ideen aber aus verschiedensten Gründen nicht realisieren. Solche Szenarien erlebe ich bei meiner Arbeit als Therapeutin ab und zu. Dort kann ich dann der entsprechenden Seele von der irdischen Dimension aus helfen, einen Weg zu finden. Manchmal erreicht man in einem Leben mehr, als man sich vorgenommen hat, manchmal aber auch weniger.

Gemäß dieser Sichtweise lässt sich sagen, dass weder Zufall noch Schicksal den Verlauf unserer Leben vollumfänglich bestimmen. Es ist vielmehr eine Kombination von Planung, Anstreben von gesetzten Lebenszielen, teilweise direkte Unterstützung aus der geistigen Welt oder hier auf Erden und Konfrontation mit Ergebnissen früherer Handlungen (Karma). Dies wäre ein Hinweis darauf, dass ich effektiv ein selbstbewusstes und selbstbestimmtes Seelenwesen bin.

Wer Lust hat, sich in die Materie noch mehr zu vertiefen, findet viel Literatur darüber. Ich persönlich erachte die Bücher von Michael Newton (s. Literaturverzeichnis im Anhang) als sehr lesenswert und kann sie wärmstens empfehlen.

Bei mir bin ich ziemlich sicher, dass die Begegnung mit Swamiji geplant war und sich mein ganzes Leben auf diesen Moment ausgerichtet hat. Von dem her gehört das Auftauchen meines Meisters wohl zu den Gegebenheiten, die man schicksalshaft nennen könnte. Ob dies auch beim folgenden Thema der Fall war, kann ich weniger gut beurteilen, nehme es aber an. Zumindest bestand eine sehr hohe Wahrscheinlichkeit, dass sich mit dem Eintreten von Swamiji in mein Leben einiges ändern würde, ganz speziell die berufliche Ausrichtung. Dies möchte ich jedoch im folgenden Kapitel thematisieren.

9.3 – Das Eröffnen meiner Praxis

In dem Moment, als ich mit Swamiji in einen bewussten Kontakt trat, begann für mich ein neuer Lebensabschnitt. Wie gesagt: ich war nun aufgefordert, mein Meisterstück in Angriff zu nehmen. Woraus dieses bestand, wurde mir eines Tages ganz unvermittelt bewusst: ich sollte eine eigene Polarity-Praxis eröffnen. Damit nahm die Umsetzung einer Vision ihren Anfang. Wie dies genau erfolgte, habe ich in Band 1 ausführlich beschrieben. Dort wird auch deutlich, wie ich unzählige Lernprozesse durchlaufen musste. Dadurch hatte ich begonnen, viele Lebensgesetze vertieft zu verstehen, womit meine Vision noch umfassender realisiert werden konnte. Dieser Prozess dauert bis heute an: ich lerne etwas, weite in der Folge meine therapeutischen Möglichkeiten aus, lerne dadurch noch mehr und verbessere mich so kontinuierlich. All dies geschieht unter der liebevollen, aber strengen Führung von Swamiji.

Um dir, lieber Leser, einen konkreten Einblick in diese Entwicklung zu ermöglichen, möchte ich verschiedene Aspekte detaillierter beschreiben. Dabei werde ich die folgenden Fragen ins Zentrum meiner Erörterung stellen:

a) Wie funktionierte die entsprechende Schulung von Swamiji?
b) Wie erlebte ich diese Schulung?
c) Wie entwickelte ich mich dabei?
d) Wie entwickelte sich die Praxis?

a) Wie funktionierte die Schulung?
Um anderen effizient helfen zu können, muss man sich entsprechende Fähigkeiten erwerben. Diese holte ich mir teilweise in meinen verschiedenen Ausbildungen. Den weitaus wichtigsten Teil lernte ich aber, indem ich an mir selbst arbeitete. Und hier war Swamiji mein zentraler Lehrer. Ich gehe davon aus, dass er mich schon lenkte, bevor ich mit ihm in bewussten Kontakt trat. So dürfte es auch kein Zufall sein, dass ich eines Tages zu Heinrich Hrdlicka fand.
Wie bereits in Kapitel 7.4 beschrieben, lernte ich bei Heinrich das Spiegelprinzip. Dieses wendete ich in der Folge immer präziser an und

konnte somit stets identifizieren, welche Lernprozesse bei mir vollzogen werden sollten. Nachdem ich mir diese bewusst gemacht und eine Weile darüber nachgedacht hatte, erkannte ich in der Regel auch, welche Verhaltensweisen mir hinderlich waren. Ich fand auf diese Art eingeschliffene Gewohnheiten und Denkmuster, die ich revidieren musste. Dies tat ich dann auch bewusst und bemühte mich, bestehende Teufelskreise allmählich zu durchbrechen. Ein solcher Prozess muss sehr langsam verlaufen, denn unser ganzes Erleben und Verhalten sind tief eingeschliffene Spuren in unseren Energie- und Körpersystemen. Wenn wir hier Veränderungen vornehmen, gerät unser ganzes, in der Vergangenheit mühsam aufgebautes inneres Gleichgewicht ins Wanken. Deshalb dürfen solche Interventionen nur in kleinsten Dosen erfolgen. Andernfalls entstehen so viel Stress und Angst, dass wir uns noch mehr an unsere alten Gewohnheiten klammern, um wieder Halt zu finden. Man muss sich auch vorstellen, dass zwischen all unseren Lebensstrategien Unmengen von Verknüpfungen bestehen, so dass sehr sorgfältig abgewogen werden muss, an welchem Ende man den ganzen Faden aufrollen soll.

Solche Prozesse sind nicht zu unterschätzen. Manch einer scheitert bei entsprechenden Versuchen. Doch durch Swamijis grosse Gnade blieb mir ein solches Schicksal erspart. Zwar stolperte ich manchmal heftig, aber daraus konnte ich ja auch lernen: für mich und für meine Klienten.

Wenn Personen zu mir in die Therapie kommen, gelten genau die gleichen Grundprinzipien wie ich sie bei mir eben beschrieben habe. Die Patienten bringen ein Flechtwerk an Verhaltensweisen mit, das in der Regel ungünstige Effekte erzeugt. Auch hier muss ich schrittchenweise vorgehen, damit Veränderungen möglich werden. Eine konkretere Idee meiner Interventionen werde ich in Kapitel 10.3 vermitteln.

Während ich bei anderen Menschen sehr wohl erkennen kann, welche Hilfe sie benötigen, ist dies bei mir selbst eher schwierig. Hier fehlt mir der Überblick. Somit bin ich darauf angewiesen, dass mir jemand hilft.

Glücklicherweise darf ich auch diesen Teil getrost meinem verehrten Meister überlassen. Er sorgt dafür, dass ich Stücklein für Stücklein meine Probleme aufarbeiten kann, indem er mich durch den Dschungel meiner Themen führt. Oft kann ich nicht erkennen, weshalb ich mich gerade um diesen einen Punkt kümmern muss, der in meinen Fokus gerät. Gemäß meiner eigenen Logik hätte ich es anders erwartet. Hinterher wird mir häufig klar, weshalb Swamiji den Prozess an diesem Ende aufrollte und nicht gemäß meiner Idee. So lerne ich einerseits, mit meinen behindernden Gewohnheiten neue Wege zu finden. Andererseits verstehe ich mehr und mehr, wie das Gesamte ineinander verflochten ist und weshalb man es von einer Seite angehen muss, die auf den ersten Blick vielleicht nicht sinnvoll erscheint. Dies wiederum hilft mir, bei meinen eigenen Patienten immer bessere und hilfreichere Wege zu finden, selbst wenn die entsprechenden Personen in sehr schwierigen und komplexen Situationen stecken.

Wie ich bereits in Kapitel 9.1 erwähnte, nahm mir Swamiji nichts ab. Vielmehr schulte er mich in einer Form, dass ich selbst zu erkennen vermochte, welche Entscheidungen für den weiteren Verlauf meines Lebens günstig waren. So ist es auch mir ein Anliegen, meinen Klienten die Eigenverantwortung zu übergeben. Sie sollen genauso wenig abhängig von mir werden, wie Swamiji sich dies von seinen Schülern wünscht. Natürlich gibt es immer wieder Situationen, in denen man mit seinen Möglichkeiten noch nicht in der Lage ist, die geeigneten Lösungen zu sehen. In solchen Momenten ist ein weiser Rat Gold wert. Mir selbst zeigt Swamiji in solchen Fällen jeweils sehr klar, welchen Weg ich einschlagen sollte.

Im Gegensatz zu meinen Klienten, die direkt mit mir sprechen können, muss ich die entsprechende Kommunikation mit meinem Mentor auf innerer Ebene führen. Das empfand ich manchmal als schwierig. So musste ich lernen, daran zu glauben, dass ich fähig bin, meinen Meister auf Distanz richtig zu verstehen. Ich musste *vertrauen* lernen, dass ich selbst auf diese etwas riskant erscheinende Art und Weise meine Probleme lösen und damit etwas aufbauen konnte. Leider haperte es hier häufig. So war ich aufgefordert, ausgiebig zu üben, mir und meiner Wahrnehmung treu zu bleiben. Obschon ich in dieser Beziehung schon einiges gelernt habe, besteht nach wir vor Übungsbedarf.

b) Wie erlebte ich diese Schulung?
Eine Schulung, wie ich sie von Swamiji erfahre, zwingt einen, tiefste Bereiche zu bearbeiten. Das kann manchmal zu einer grossen Herausforderung werden. In solchen Momenten kommt bei mir meine innere Gespaltenheit leider sehr stark zum Ausdruck: einerseits verfüge ich über eine Riesenportion Urvertrauen. Andererseits sind aber auch sehr viele Ängste vorhanden, die mich unruhig machen. Bis jetzt ist es mir nicht gelungen, diese beiden Teile zusammen zu bringen. So kann ich mitten in einer Panikattacke zwar die zuversichtliche Seite in mir wahrnehmen, aber es hilft mir nichts: die Panik hält mich fest in ihren Klammern und macht mir das Leben zur Hölle. Doch weshalb eigentlich?

In den Bänden 1 und 2 dieser Bücherreihe habe ich das Problem der Trauma-Bearbeitung ausgiebig beleuchtet. Hier wurde u.a. erklärt, dass sich entsprechende Spuren eben nicht nur im mentalen Bereich befinden, sondern tief in den Zellen eingegraben sind und vielfach chemische Abläufe im Körper mitbestimmen. Diese lassen sich durch die Gedankenkraft nicht einfach beseitigen. Man muss bei einer solchen Therapie sehr tiefgründig vorgehen. Damit begegnet man aber gezwungenermassen der Panik wieder, die mit dem Trauma einherging. Diese Panik betrifft in der Regel die Befürchtung, das traumatisierende Ereignis nicht zu überleben. Es geht folglich um Existenzängste. Durch ein Aufarbeiten des Traumas geraten wir genau an den Punkt zurück, als wir uns in unserem Dasein hochgradig gefährdet fühlten. Wir müssen dann langsam erkennen, dass unser Leben damals nicht wirklich bedroht war bzw. dass wir trotz grosser Gefahr überlebt haben. In dem Moment, wenn dieses Bewusstsein den Kern der traumatischen Energien erreicht, kann sich die entsprechende Panik auflösen. Bis zu diesem Punkt ist die Auseinandersetzung mit dem Trauma häufig sehr happig, weil das Gefühl der Bedrohung ständig über allem zu schweben scheint. Deshalb ist es wichtig, dass der Prozess gut angeleitet ist.

Ich bemühte mich jeweils, die beiden Pole „Urvertrauen" und „Angst" unter Kontrolle zu halten, was mir mehr oder weniger gut gelang. Immerhin schaffte ich es, trotz all dieser Ängste an meinem Weg weiter zu bauen. Tief in mir weiss ich zum Glück, dass es auch in einer aussichtlos erscheinenden Situation immer Wege gibt. Also übe ich kräftig weiter, mein Vertrauen in Swamiji und in das Leben zu schulen.

c) Wie entwickelte ich mich dabei?
Durch das Gründen einer eigenen Praxis musste ich voll und ganz für mich einstehen und entsprechend Verantwortung übernehmen. Das war nicht einfach, denn ich fühlte mich manchmal eher wie ein kleines Kind als wie eine erwachsene Person. Auch hier drückte sich meine Gespaltenheit nämlich aus. Einerseits wusste ich, dass ich etwas zu geben hatte und über ein gesegnetes inneres Wissen verfügte. Andererseits erschien mir die Welt so gross und kompliziert, dass ich mir verloren und hilflos vorkam.

Ein weiteres Phänomen war folgendes: Irgendwie hatte ich immer das Gefühl, meine innere Entwicklung müsse mich schlussendlich an einen Punkt bringen, wo ich vieles ganz anders machen und mich als anderer Mensch fühlen würde. Aber wie ich mich genau fühlen sollte, war mir nicht klar. Doch langsam begann ich dann zu verstehen, dass ich mich irrte. Meine therapeutischen Werkzeuge blieben in ihrem Grundwesen nämlich immer dieselben, nur wurden sie verfeinert. So begann ich, mit denselben Strategien wie vorher viel mehr zu sehen und zu erkennen.

Es gab auch nie den erwarteten Rutsch, durch den ich mich plötzlich kompetenter, erleuchteter, gelehrter oder was auch immer gefühlt hätte. Ich war nach wie vor ganz schlicht und einfach die mir vertraute Susanna Sarasin mit all ihren Stärken und Schwächen. Erst kürzlich begann ich zu entdecken, dass dies auch so bleiben wird. Weshalb? Aus dem einfachen Grund, dass ich eben bin wer ich bin. Das Beste daran: dieses Sosein beinhaltet alles Notwendige dafür, dass ich meine Ziele zu verwirklichen vermag. Mein Bewusstsein von mir selbst wird nicht einfach plötzlich anders und wird es auch nach dem Tod nicht sein. Ich BIN und BLEIBE mir meiner selbst bewusst. Genau dies ist es ja, was eine menschliche Seele gemäss unseres heutigen Wissens vom Tier unterscheidet: diese Selbstbewusstheit (es gibt allerdings auch andere Theorien). Als mir dies vollumfassend klar wurde, erlebte ich in meinem Innern eine tiefe Beruhigung: endlich musste ich mich nicht mehr davor fürchten, einfach aufgelöst zu werden. Diese Angst war ja im Grunde genommen eine der Ursachen meiner Todesängste gewesen. Jetzt, nachdem ich diesen Aspekt endlich begriffen hatte, konnte meine weitere Suche ausschliesslich dort stattfinden, wo sie erfolgsverheissend war: in mir innen, denn dort befand sich ja meine Bewusstheit von mir selbst. Ich musste auch nicht mehr Angst haben, alles in mir umkrempeln zu müssen, um mich zu verwirklichen. Offensichtlich war ich so, wie ich war, ok. Also war einzig die vertiefte Innenschau nötig. Gemäss meiner neuen Einsicht würde alleine sie den Weg zur Erkenntnis ebnen, wer ich in Wirklichkeit bin und was ich aus mir heraus erschaffen kann. Diese Forschungsreise ist nach wie vor sehr aktiv und wird wohl auch nie beendet sein.

d) Wie entwickelte sich die Praxis?
Eigentlich wusste ich es von Anfang an: es gab in Bern ein Überangebot an Therapeuten. Somit brauchte es mich und meine Praxis im Grunde genommen nicht. Ich wusste aber: wenn es trotzdem sein soll, dann wird es sein. Die Frage war nur, wie ich das Ganze aufrollen musste. Um nichts unversucht zu lassen, arbeitete ich auf allen Ebenen gleichzeitig: ich machte aktiv Werbung, versuchte aber auch, auf der feinstofflichen Ebene zu wirken und dort potentielle Hindernisse zu beseitigen. Auch dieser Prozess kann in Band 1 nachgelesen werden. Dennoch hatte niemand auf mich gewartet und entsprechend hatte ich fast nichts zu tun. Mit der Zeit begriff ich, dass die Realisierung meines Projektes wohl nicht ganz so einfach war. Folglich musste ich dafür sorgen, dass ich parallel zum Aufbau der Praxis ein stabiles Einkommen hatte. Also suchte und fand ich eine 50%-Stelle als Logopädin. Somit war ich innerlich sehr entlastet, weil keine Existenzängste mehr auftauchen mussten. Entsprechend lösten sich meine emotionalen Verkrampfungen und ich schaffte es, alles viel ruhiger anzugehen. Sobald ich losgelassen und mich dem Leben hingegeben hatte, begann sich die Situation wie von selbst zu verändern. Solange ich krampfhaft daran festgehalten hatte, etwas erreichen zu müssen, schien ich an Ort zu treten. Hier lernte ich einmal mehr: man kann auch zu viel tun. Dieser

Umstand wirkt zeitweise sehr blockierend, und zwar aus folgendem Grund:

Natürlich muss ich mein Möglichstes machen, damit ich gesetzte Ziele erreiche. Das gilt für alle Vorhaben. Allerdings muss ich auch davon ausgehen, dass mein Handeln teilweise mit Ängsten und anderen Egoanteilen durchzogen ist. Bei der Praxiseröffnung wollte ich natürlich Erfolg haben und mich bestätigen (Ego). Gleichzeitig hatte ich Angst, dass das Projekt scheitern könnte. Dies hätte meinem Stolz arg zugesetzt (Ego). Die beiden Grundstimmungen „Stolz" und „Angst" durchwoben meine ganzen Bestrebungen. In Anbetracht dieser Tatsache hätte ich zum Schluss kommen können, dass ich wohl zuerst mein Ego abbauen musste, bevor ich die Praxis-Gründung in Angriff nahm. Doch dies wäre falsch gewesen, und zwar aus folgendem Grund:

Durch mein Handeln, auch wenn es noch so ego-durchzogen war, machte ich wichtige Erfahrungen. Diese sorgten dafür, dass meine Ängste und mein Stolz sich langsam ganz von selbst aufzulösen begannen. Damit entstand allmählich eine gesunde Grundlage für den Aufbau meiner Praxis. Allerdings konnte ich den Moment nicht erkennen, wo ich mich hätte entspannen können, weil der Boden nun geebnet war. So blieb ich verkrampft in meinen Mustern hängen, womit ich schliesslich jede potentielle Bewegung in die gewünschte Richtung selbst blockierte. Erst als ich aufhörte, mich ausschliesslich auf die Praxis zu konzentrieren, setzte unvermittelt eine Entwicklung ein, welche mein Projekt zum Wachsen brachte. Endlich liess ich die Energien fliessen, welche ich durch den Ego-Abbau aktiviert hatte.

Somit besteht die Kunst darin, sich nicht selbst durch Übereifer zu blockieren. Wann genau man in welcher Phase ist, wann man also handeln und wann man fliessen lassen muss, ist nicht immer einfach zu beurteilen. Wenn man aber mit dem Spiegelprinzip arbeitet, erkennt man den Moment recht schnell. So erspart man sich zeitliche Verzögerungen, die dadurch entstehen, dass man an alten Strukturen festhält.

Dieser Prozess zog sich eigentlich immer und immer wieder durch den Aufbau meiner Praxis: zuerst musste ich eine Idee haben und ein entsprechendes Ziel definieren. Dann musste ich dafür arbeiten, und anschliessend irgendeinmal dem Leben den Lauf lassen. Hier galt es also zu üben, sich dem Fluss der Gegebenheiten anzupassen. Diese Kunst ist eine sehr kräftige Quelle in unseren Leben. Auf jeden Fall gelang es mir immer wieder, früher oder später alte und nicht mehr aktuelle Strukturen loszulassen und Neuerungen Platz zu machen. Dadurch konnte meine Praxis kontinuierlich wachsen und tut es immer noch. Dieser Prozess ist wohl nie wirklich zu Ende. Hier sind wir also gefordert, sehr aufmerksam zu sein. So ersparen wir uns viel Leid und Schmerz. Natürlich hängt Loslassen primär mit Vertrauen zusammen. Folglich war ich einmal mehr dort gelandet, wo ich schlussendlich immer lande, nämlich bei eben diesem Vertrauen und Loslassen (s. auch *Punkt a*). Dieser Teil ist und bleibt folglich zentral!

Ich lernte also kontinuierlich weiter, erwarb mir neue Einsichten und Fähigkeiten und kam so meinem Ziel immer näher: zu verstehen, wer ich in Wirklichkeit bin. Dieser Weg ist noch längst nicht zu Ende. Je mehr ich erkennen kann, umso mehr wird mir bewusst, wie wenig ich im Grunde genommen weiss. Also schreite ich so vertrauensvoll wie möglich weiter und bin neugierig, wohin mich mein Weg noch führen wird.

Wenn man den letzten Satz liest, könnte der Eindruck entstehen, dass ich im Grunde genommen durchaus locker und zuversichtlich sei. Manchmal bin ich das tatsächlich, aber es gibt leider auch Zeiten grosser Zweifel. In diesen unterliege ich dem Eindruck, ich trete an Ort und komme mit meinen Problemen nicht wirklich weiter. Glücklicherweise habe ich gelernt, dass es in solchen Phasen hilfreich ist, die Entwicklung über einen längeren Zeitraum zu betrachten. Dies erlaubt mir zu erkennen, dass ich durchaus bereits einiges in meiner kleinen Welt bewegt habe.

Nicht nur ich hadere ab und zu mit meinem Schicksal. Wir alle kennen diese Momente. Aus diesem Grund möchte ich mit dem letzten Kapitel aufzeigen, dass sich trotz steiniger Teilstrecken in unserem Leben die Ausdauer wirklich lohnen kann.

10 – Lernprozesse im Rahmen der Ganzwerdung
10.1 – Voraussetzungen für spirituelle Lernprozesse

Nun bist du, lieber Leser, bereits beim letzten Kapitel angekommen. Da du bis hierher durchgehalten hast, vermute ich, dass du an einem spirituellen Weg interessiert bist. Auch du möchtest deiner wahren Natur wahrscheinlich näher kommen. Dein Werdegang entspricht sicher nicht dem meinen. Vielleicht hast du aber interessante Parallelen entdeckt, welche dir geholfen haben, etwas in deinem Leben besser zu verstehen oder neue Wege einzuschlagen. Möglicherweise hast du für gewisse Aspekte in deinem Leben Antworten gefunden. Mit Sicherheit bestehen jedoch noch unzählige Fragen. Eine davon könnte folgende sein: Wie kann ich Fortschritte erzielen bzw. was sollte ich konkret lernen und/oder üben? In diesem Kapitel möchte ich dir eine Idee vermitteln, was meines Erachtens zentral ist. Dabei werde ich auf die Kapitel 6.3.2 und 6.3.3 zurückgreifen, ebenso auf die Erläuterungen in Band 2 zur Entwicklung der Wahrnehmung beim kleinen Kind. Weshalb?

Ganz einfach: weil unsere Wahrnehmung dafür verantwortlich ist, wie viel wir von einer gewissen Realität erkennen können. Sind unsere Sinne geschärft, ist „unsere Welt" um einiges differenzierter und reicher als wenn unsere Sinne stumpf sind. Doch nun schön der Reihe nach: als erstes möchte ich ein bisschen Theorie repetieren. Ich weiss, dass ich mich jetzt teilweise wiederhole. Aber das Verständnis dieses Kapitels ist mir sehr wichtig, deshalb lieber doppelt genäht als unklar.

Wenn ein Säugling auf die Welt kommt, sind seine Sinne noch nicht richtig ausgebildet. Am weitesten fortgeschritten ist das Gehör, das dem Ungeborenen bereits in der Gebärmutter Lautwahrnehmungen erlaubt. Bei den Augen weiss man, dass das Baby am Anfang nur schwarzweiss und verschwommen sieht. Zudem ist es nicht in der Lage, seinen Blick auf einen Gegenstand zu fixieren. Die Augen schweifen immer wieder ab und wandern ziellos umher. Durch die äusseren Reize und den ständigen Gebrauch findet bald eine Reifung statt: langsam beginnt das Kind Farben zu sehen, ebenso werden die

Bilder immer schärfer. Später ist es in der Lage, seine Augen so zu kontrollieren, dass es sie länger auf Gegenstände richten kann. Damit bekommt das Hirn Zeit, die Wahrnehmungen differenzierter zu verarbeiten. Zu diesem Zweck muss es entsprechende Nervenbahnen bilden und miteinander vernetzen. Je mehr Informationen die Augen aufzunehmen vermögen, umso mehr Nervenbahnen werden gebildet und umso komplexer werden die Verknüpfungen. Obschon das Baby nun besser und klarer sieht, muss es in einem weiteren Schritt noch lernen, diese Wahrnehmungen mit anderen Fähigkeiten zu verbinden, z.B. mit dem Greifen. Am Anfang ist es nämlich noch nicht in der Lage, den mit den Augen fixierten Gegenstand gezielt mit den Händen zu packen. Diese „rudern" noch ungelenk im Raum umher, bis sie dann endlich das Gewünschte erhaschen können. Auch hier sind also Übung und das Bilden von entsprechenden Nervenbahnen und Verknüpfungen notwendig. Was für uns schlussendlich eine Selbstverständlichkeit ist, nämlich gezielt einen Gegenstand mit den Augen anzupeilen und gleichzeitig mit den Händen zu ergreifen, muss Schritt für Schritt aufgebaut werden.

Auch wenn wir inzwischen erwachsen geworden sind, verläuft eine solche Entwicklung nach den gleichen Grundprinzipien wie beim Kleinkind. Was bedeutet dies nun für die Ausbildung der Spiritualität?

Wie ich bereits beschrieben habe, erfolgt durch die Inkarnation in einen menschlichen Körper das grosse Vergessen: wir wissen nicht mehr, wer wir in Wirklichkeit sind. Gleichzeitig können wir die Energien der Seelenebene nicht mehr mit unseren herkömmlichen Sinnen wahrnehmen.

Folglich identifizieren wir uns völlig mit unserer Körperlichkeit. Das führt dazu, dass wir vorwiegend damit beschäftigt sind, unser Überleben und/oder unseren Komfort zu sichern. Gleichzeitig suchen wir ständig nach gefühlsmässiger Befriedigung. Entsprechend sind unsere Sinne sowie unsere Hirne ständig damit beschäftigt, die Situation zu analysieren und Strategien zu entwerfen, wie wir am besten an unser Ziel gelangen.

Sobald wir entdecken, dass es vielleicht noch so etwas wie eine göttliche Ebene gibt, dass wir möglicherweise sogar aus dieser Ebene heraus geboren wurden, beginnen wir langsam umzudenken. Wir interessieren uns plötzlich für eine Welt jenseits unserer Erde, die aber leider nicht greifbar ist. Sie ist feinstofflicher Natur (also nicht materiell, sondern energetisch). Nun stehen wir vor einem Problem: wir nehmen zwar an, dass es dieses Andere gibt, können es aber – wie schon gesagt – mit unseren herkömmlichen Sinnen nicht erfassen. Plötzlich sind ganz neue Wahrnehmungsleistungen gefragt. Diese haben wir aber nicht entwickelt. Was ist nun die logische Konsequenz davon? Wir müssen eine Menge Entwicklung nachholen, wie wir sie vom Baby her kennen. Es gilt nämlich zu lernen, dieses Feinstoffliche wahrzunehmen. Also sollten wir üben. Aber wie?

Zuerst muss uns klar werden, wohin wir unsere Aufmerksamkeit zu lenken haben. Das Baby richtet seine dorthin, wo etwas Interessantes geschieht. Wir jedoch müssen anders vorgehen. Weil unsere Grundnatur, unsere Seele, feinstofflich ist, sind wir genötigt, quasi rückwärts zu schauen. Wir müssen uns nämlich mit unserem Kern befassen. Und dieser ist bekanntlich INNEN, nicht aussen. Sobald wir unsere Aufmerksamkeit aber nach innen lenken, kommt die grosse Frustration: wir sehen nichts. Oder vielleicht sehen wir etwa gleich viel wie ein Säugling: vage Flecken, teilweise farbig, oft auch nur hell oder dunkel. Jetzt gilt es zu üben. Das ist gar nicht so einfach, denn sobald wir versuchen, in uns hineinzublicken bzw. zu -horchen, kreiert unser Hirn unzählige Gedanken. Diese ziehen uns in ihren Bann. Damit sind unsere Bemühungen, mit diesem inneren Kern in Berührung zu kommen, schon zunichte: unser Geist wandert weg.

Wenn wir effektiv die inneren Welten kennen lernen wollen, müssen wir hartnäckig bleiben. Immer wieder muss die Aufmerksamkeit nach innen geholt werden. Je länger wir dort bleiben können, umso grössere Chancen haben wir, dass sich unsere Wahrnehmung entsprechend entwickelt.

Hier kommen wir auch wieder zu einem Thema zurück, das ich bereits in Kapitel 3, insbesondere in Kapitel 3.3.6 thematisiert habe: die Kraft des Fokus. Gelingt es mir, meinen Fokus gerichtet zu halten, werde ich meine Ziele früher oder später erreichen.

Wenn man mich nun fragt, was genau man üben kann, ist meine Antwort folgende: mach alles, was dir hilft, diesen Fokus zu richten und zu halten. Dazu gehört z.B. folgendes:

- Übe deine Konzentrationsfähigkeit.
- Übe dich in Geduld, denn Entwicklung und Reifung benötigen Zeit.
- Übe, deine Aufmerksamkeit vom Aussen wegzunehmen und nach innen zu lenken, auch wenn du dort nichts siehst.
- Übe, die Stille auszuhalten, die dir nämlich von innen entgegenschlagen wird.
- Übe vertrauen, dass die Fähigkeit, die andere Welt wahrzunehmen, in dir angelegt ist und sich entwickeln kann und wird.

Vielleicht kommen dir, lieber Leser, noch andere Punkte in den Sinn. WIE du dies alles übst, ist weniger wichtig. Du kannst meditieren, Yoga machen, Texte lesen (aber bitte hilfreiche, vgl. auch Kapitel 4.1.2), mit „Gott sprechen" (beten) und vieles mehr. Suche einfach den Kontakt mit dieser feinstofflichen Welt und bleibe hartnäckig. Dann ist dir kontinuierlicher Fortschritt gewiss.

Wie sich entsprechender Erfolg äussert, ist bei jedem ein bisschen anders. Dazu findest du in der Literatur unendlich viele Beschreibungen. Hier werde ich meine eigene Erfahrung kurz schildern. Wie bereits gesagt, soll sie dich inspirieren und motivieren, trotz aller Widrigkeiten tapfer auf deinem Weg fortzuschreiten und NIE, wirklich NIE aufzugeben. Die Geduld wird sich auszahlen, wenn nicht im jetzigen Augenblick, dann eben später.

10.2 – Effekte des Prozesses in meinem Alltag

In Kapitel 6.1 erzählte ich, wie ich im Rahmen eines Kinesiologie-Kurses eine Kollegin kennenlernte, mit der ich mich öfter zum Üben traf. Bei ihr machte ich den ersten Kontakt mit dem Pendeln. Diese Technik fand ich spannend und begann sie gleich zu üben. Und siehe da: es funktionierte. Etwas später entdeckte ich dann auch die Tarotkarten. Beide Instrumente fand ich sehr praktisch und setzte sie auch häufig ein. Einerseits sollten sie mich bei Entscheidungen unterstützen, andererseits aber auch meine Neugier befriedigen. Ich wollte vieles wissen und war zudem ungeduldig. Mitverantwortlich für mein inneres Drängen waren aber auch die Ängste: solange ich das Gefühl hatte, ich könne mein Leben einigermassen kontrollieren, fühlte ich mich sicherer. Die Zukunft einfach vertrauensvoll auf mich zukommen zu lassen, fiel mir unendlich schwer. Was, wenn etwas eintraf, das ich gar nicht wollte? Allerdings: was hätte es mir genützt, wenn ich es im Voraus gewusst hätte? Wahrscheinlich nicht viel. Ich klammerte mich also mit Hilfe meiner beiden neuen Techniken an meiner noch sehr kleinen Welt fest. Mit der Zeit begann ich zu merken, dass hier etwas nicht so lief, wie es sollte. Meine Begabung für solche Praktiken schien begrenzt zu sein. Die Resultate waren oft widersprüchlich oder unklar. Da erkannte ich, dass ich mich selbst betrog. Meine Wünsche nach einer bestimmten Antwort waren teilweise dermassen gross, dass ich damit das Pendel wie auch die Wahl der Karten beeinflusste. Folglich wurden diese Hilfsmittel mehr oder weniger unbrauchbar. So begann ich, lieber auf meine innere Stimme zu hören, die im Grunde genommen sehr kräftig war. Doch auch hier kam ich bei einzelnen Punkten nicht weiter, denn – wenn ich ganz ehrlich mit mir war – wollte ich die Wahrheit gar nicht wissen. Ich wollte primär meine Sicherheit und meinen Komfort sichern. Aber wie schon gesagt: die Strategien, die ich für diesen Zweck einsetzte, waren an sich nutzlos. So musste ich wohl oder übel lernen, mich dem Lauf des Lebens anzuvertrauen, was mir eher schwer fiel.

Als Swamiji in mein Leben trat, war ich in dieser Beziehung schon ein gutes Stück weiter gekommen. Aber immer noch waren die Ängste sehr gross. Auch die Wahrnehmung der inneren Stimme war nicht wirklich sauber. Ich konnte mich nicht in jeder Hinsicht auf sie verlassen. Das verunsicherte mich natürlich stark, denn mittlerweile war sie für mich ein sehr wichtiges Instrument geworden. Aber noch immer liess ich mich durch allerlei Umstände so ablenken, dass ich meine Mitte verlor und dadurch meinen eigenen Wunschvorstellungen auf den Leim ging. Der Umgang mit der irdischen Realität war für mich nach wie vor ein schwieriges und angstbesetztes Kapitel.

Doch mein Meister liess mich nicht im Stich: er führte mich durch Erfahrungen und Einsichten, die zwar nicht immer bequem, aber zumindest sehr hilfreich waren. Als ich nämlich vor einigen Jahren Swamiji persönlich fragte, ob meine innere Wahrnehmung mittlerweile korrekt oder möglicherweise noch immer mit ein bisschen viel Phantasie durchtränkt sei, teilte er mir sehr klar mit, dass mir nun ein sauberer und verlässlicher Kanal zur Verfügung stehe. Diese Information war für mich ein Riesengewinn, ein Meilenstein in meiner Entwicklung. Endlich konnte ich davon ausgehen, dass ich meine Bilder sowie die Worte, die mir in den Kopf kamen, wirklich ernst nehmen durfte.

So kann ich mittlerweile sagen, dass meine vielen Ängste auch ihr Gutes haben: sie trieben mich immer und immer wieder an, nach Antworten zu suchen. Zu diesem Zweck übte ich ununterbrochen meine Wahrnehmung der inneren Bilder und Stimmen. Dies war zwar zeitweise ein steiniger Weg, aber die Wirkung war schlussendlich erfreulich. Mir öffneten sich buchstäblich neue Welten. Damit du, lieber Leser, eine klarere Vorstellung davon bekommst, wovon ich genau spreche, möchte ich mein Innenleben ein bisschen ausführlicher beschreiben.

Ich kann gar nicht genau sagen, wann ich begann, mit meiner inneren Stimme und den Bildern zu arbeiten. Vielleicht waren diese Wahrnehmungen schon immer da, bereits als kleines Kind. Mit Sicherheit wurden sie mir bewusst, als ich mit der Kinesiologie-Kollegin zu üben begann. Von da an benutzte ich diese Fähigkeit häufig und gezielt. Wenn ich etwas wissen wollte, richtete ich die Frage gedanklich in mich hinein und schaute einfach, was zurückkam. Manchmal war es ein Bild, manchmal waren es auch einfach Worte, die in meinen Kopf kamen. Oft war es eine Kombination von beidem. Als ich mich mit Swamiji auseinanderzusetzen begann, hatte ich relativ schnell den Eindruck, dass ich einen Kontakt zu dieser Seele hatte. Ich spürte etwas wie einen dicken Faden, der uns verband und wie ein Kanal wirkte. Erst, als mir klarer wurde, was für eine Funktion Swamiji als Guru in meinem Leben einnehmen würde, begann ich aber, mit ihm auf innerer Ebene zu sprechen. Ich richtete meine Fragen nun direkt an ihn, anstatt sie einfach in mich hinein zu senden. Und tatsächlich, es funktionierte. Sofort kam eine Antwort in Form von Bildern und/oder Worten. So wendete ich mich immer mehr an meinen Meister und lauschte seinen Ratschlägen. Diese versuchte ich dann umzusetzen. Doch eben: am Anfang konnte ich mir nie ganz sicher sein, ob mir nicht die Phantasie in die Quere kam, die von meinen Ängsten und Wünschen genährt war.

Neben dieser Suche nach Orientierung dienten mir diese Fähigkeiten noch an einem anderen Ort: Swamiji betonte mehrfach, dass er seine Schüler zwar ununterbrochen belehrt und wir ihm gut zuhören sollten. Aber die wirklich wichtigen Belehrungen erfolgen nicht mittels Reden, sondern auf innerer Ebene. Was heisst dies nun genau?

Bei mir funktioniert das folgendermassen: da ich eigentlich ständig mit meiner inneren Stimme in Verbindung stehe, merke ich immer sehr genau, wenn von innen Impulse kommen. Sogleich richte ich die ganze Aufmerksamkeit in mich hinein und schaue, welche Information sich den Weg zu meinem Bewusstsein bahnen will. Diese kann ich mittels Bild und Wort in der Regel gut erfassen. So geschieht es häufig, dass ganz plötzlich sehr klare Wahrnehmungen in mir auftauchen. Meistens befinde ich mich dabei mitten in einer Situation, die mir einige Rätsel aufgibt. Unvermittelt bekomme ich ganz eindeutige Hinweise, wie die Kräfte in dieser Situation alle miteinander vernetzt sind, so dass ich die entsprechenden Zusammenhänge begreifen kann. In grosser Klarheit eröffnet sich mir vielfältigstes Wissen. Es erzeugt in mir das gleiche Gefühl, wie ich es hatte, als ich am Anfang meines spirituellen Weges das Buch von Paul Brunton las. Ich weiss einfach tief in mir, dass dies eine Realität ist, die ich nun zu erfassen beginne.

Indem ich ständig meine Wahrnehmung schulte und noch heute schule, bin ich immer besser in der Lage,
   a) Antworten auf meine Fragen abzurufen;
   b) innere Belehrungen zu empfangen, die mir helfen zu erkennen, wer ich in Wirklichkeit bin, wer Swamiji ist, wie das Leben funktioniert etc.

Doch eben: ohne Übung geht gar nichts. Durch meinen Beruf bin ich natürlich viele Stunden am Tag damit beschäftigt, diese inneren Kanäle zu bauen und weiter auszubilden. Das führt dazu, dass die entsprechenden Wahrnehmungsfähigkeiten immer besser werden. Damit erweitert sich aber auch mein therapeutisches Können. Folglich suchen mich viele Leute auf, womit ich wiederum viel üben kann. Überhaupt ist meine berufliche Tätigkeit ein wichtiger Motor für meine spirituellen Fortschritte. Deshalb werde ich sie im nächsten Kapitel gesondert betrachten. Hier nur noch so viel zu meiner persönlichen Ebene: langsam aber sicher komme ich an den Punkt, wo ich auch mit dieser irdischen Realität einen tieferen Frieden schliessen kann und mich hier nicht dauernd überfordert fühle. Noch immer muss ich kräftig üben. Aber ich erkenne durchaus positive Zeichen, die mir zeigen, dass ich mich eines Tages auf der Erde wohler fühlen werde. Also übe ich geduldig weiter.

10.3 – Effekte des Prozesses in meiner Therapiearbeit

Wenn es um meinen Beruf geht, vergleiche ich mich gerne mit einem qualitativ guten Rotwein: je älter er ist, umso schmackhafter wird er (natürlich gibt es eine gewisse Grenze, wo der Rebensaft seine optimale Entfaltung erreicht hat und anschliessend an Qualität einbüsst). Auch ich werde mit zunehmendem Alter kontinuierlich besser, was für meine Klienten von grossem Vorteil ist. Weshalb dem so ist, habe ich im vorangehenden Kapitel bereits erklärt. Nun möchte ich aufzeigen, was sich im Laufe der Jahre konkret verändert hat.

Bereits in Kapitel 8.2 habe ich mein Menschenbild dargestellt. Dort beschrieb ich auch, dass ich es gefühlsmässig wohl schon immer in mir trug. Ich konnte es aber nicht wirklich differenziert auf innerer Ebene wahrnehmen. Damit meine ich folgendes: Instinktiv arbeitete ich schon längere Zeit mit all den Bereichen: mit der körperlichen Ebene genauso wie mit der seelischen, aber auch mit all den Ebenen zwischen diesen beiden Polen. Meine Intuition zeigte mir häufig Wege, wie ich den Hilfesuchenden erfolgreich beistehen konnte. Ich wusste dann schon, ob ich eher auf der materiellen oder eher auf der feinstofflichen Ebene aktiv war, aber ganz konkret konnte ich es nicht wahrnehmen.

Mittlerweile erkenne ich die einzelnen Ebenen sehr klar. Ich kann mit ihnen gezielt Kontakt aufnehmen und eruieren, wo genau die Probleme liegen. Das ermöglicht mir, punktgenau die entsprechenden Bereiche zu bearbeiten. Zudem kann ich meinen Klienten sehr differenziert aufzeigen, wo ihre Irrtümer, Verletzungen, Traumen, Energiestauungen etc. liegen und weshalb sie entstanden sind. Das hilft ihnen, mit ihren Problemen besser klar zu kommen und zu deren Lösung beizutragen.

Diese Leistung ist nicht so einfach zu erbringen, wie es jetzt scheinen mag. Um dies aufzuzeigen, muss ich ein bisschen ausholen.

Die Seelenebene ist eine Dimension, in der es unendlich viele Möglichkeiten gibt. Ihre feinstoffliche Natur erlaubt zudem eine grosse Beweglichkeit. Hier können mit kleinsten Impulsen grosse Mengen von Energie herumgeschoben werden. Dem gegenüber ist die materielle Ebene eine sehr grobe Ebene. Sie lässt sich nicht so einfach von unserem Geist verändern, u.a. auch deshalb nicht, weil dieser durch die Inkarnation in einen Körper abgestumpft ist. Nur ein Meister wie Swamiji ist in der Lage, beispielsweise Materie zu erschaffen oder samt Kleidern in ein Feuer zu steigen, ohne zu verbrennen. Zwischen der Seelenebene und der materiellen Ebene gibt es noch unzählige andere Ebenen.

Als Therapeutin muss ich mich in der ganzen Vielfalt und Komplexität der Bereiche soweit orientieren können, dass ich Probleme zu erkennen vermag. Zusätzlich bin ich aufgefordert, die notwendigen Impulse in der richtigen Dosierung am gefragten Ort zu setzen. Jede dieser Teilaufgaben hat ihre Tücken. So ist beispielsweise die Orientierung gar nicht so einfach, und zwar aus folgendem Grund:

Unsere irdische Realität ist nur eine einzelne Möglichkeit von unzähligen Varianten, die auf der feinstofflichen Ebene existieren. Das heisst, dass es in der geistigen Welt von jeder irdischen Erscheinung eine Menge Abarten gibt. Mit „irdischen Erscheinung" meine ich die Welt als Ganzes, aber auch jedes einzelne Lebewesen, folglich auch jeden einzelnen Menschen. Also bestehen u.a. von dir, lieber Leser, sowie von mir unterschiedliche Versionen, sozusagen alternative Ideen bzw. Potentialitäten, die wir aber nicht bewusst wahrnehmen. Von diesen vielen Versionen auf der feinstofflichen Ebene ist aber nur eine in unserer dreidimensionalen Welt realisiert worden. Wir leben deshalb im Glauben, dass es nur diese eine Form gibt und diese die richtige ist. Dabei ist es – wie gesagt – nur EINE MÖGLICHE Form. Vielleicht gäbe es optimalere. Wären sie für uns erfassbar, würden wir voraussichtlich herausfinden, wie wir unsere bestehende Form sehr einfach in eine bessere umwandeln könnten. Wir würden dann diese bessere Variante klar erkennen und auch den Weg sehen, den wir zu begehen hätten.

Genau diese Leistung versuche ich tagtäglich zu erbringen. Ich klinke mich in die feinstoffliche Ebene ein und suche nach einer *besseren Variante* sowie dem *Weg*, diese allmählich zu realisieren. Die zweitgenannte Leistung ist sehr wichtig: es reicht nämlich nicht aus, dass ich einer Person eine neue und bessere Vision von sich selbst vermittle. Wenn ich nicht zusätzlich den Weg zu bahnen vermag, bleibt selbst die beste Vision in der Luft hängen. Wir wüssten dann zwar beide, was für meinen Klienten gut wäre, fänden aber keinen Weg, wie wir dessen eingefleischten Gewohnheiten nachhaltig verändern könnten. Ein solcher Weg besteht in der Regel aus vielen und oft nicht auf Anhieb erkennbaren Teilschritten. Damit nämlich eine Idee in der materiellen Ebene realisiert werden kann, müssen Energien vielfach transformiert werden. Dafür stehen uns u.a. unsere Chakren zur Verfügung. Bei jedem Transformations-Schritt können Schwierigkeiten auftauchen. Dann entstehen auf dem Weg von der Idee zur materiellen Wirklichkeit Verzerrungen. Diese bewirken, dass das Endprodukt nicht so gut funktioniert, wie dies eigentlich vorgesehen war.

Meine Aufgabe ist also vielfältig: ich muss herausfinden, ob ein Klient bei der *Idee von sich selbst* ein Problem hat oder ob bei der *Transformation der Energie* von einer Ebene in die nächste Fehler geschehen. Je nach Befund sieht meine Intervention anders aus. Um solche Details zu erkennen, musste ich meine Wahrnehmung lange schulen.

Wenn du mich nun fragst, lieber Leser, WIE ich denn die „kranken Stellen" genau bearbeite, dann antworte ich: mit der Kraft des Fokus' (vgl. auch Kapitel 3.3.6). Was dies genau bedeutet und wie man sich das vorstellen kann, wird Inhalt des nächsten Bandes dieser Bücherreihe sein. Deshalb hier nur ein kleiner Hinweis:

Meine Therapie kann man mit einer Operation vergleichen. Ganz am Anfang meiner Praxistätigkeit musste ich im übertragenen Sinn den Leuten den ganzen Bauch aufschneiden, um einen entzündeten Blinddarm zu entfernen. Entsprechend lange dauerte der Eingriff. Heute arbeite ich gewissermassen mit hocheffizienten Instrumenten. Der technologische Fortschritt erlaubt mir, mit nur noch drei kleinen Schnittchen in die Bauchdecke raffinierte Werkzeuge einzuführen, mit denen ich millimeter-genau das geschwollene Organ anpeilen und herausschneiden kann. Auf meine Energiearbeit bezogen bedeutet dies, dass meine Aufmerksamkeit total gebündelt sein muss, um wie ein Laserstrahl zu wirken. Dieser lässt sich punktgenau auf die kranke Stelle richten. Je nach Befund muss ich mit diesem Laserstrahl unterschiedlich arbeiten, so dass Energieblockaden aufgelöst werden können. Dafür reicht manchmal eine einzige Sitzung, bei komplizierteren Sachverhalten sind aber oft mehrere Sitzungen notwendig. Ist Letzteres der Fall, bin ich jeweils genötigt, sorgfältig schichtweise vorzugehen: eine Ebene nach der anderen ist in Heilung zu bringen. Dies bedarf einer guten Konzentration und einer haarscharfen Wahrnehmung. Beides muss ich ständig üben, so wie der Chirurg nicht umhin kommt, sich den geschickten Umgang mit den technisch hochkomplizierten Instrumenten hart zu erarbeiten.

Bist du neugierig geworden, lieber Leser? Dann freue dich auf Band 4. Hier werden wir in die Tiefe gehen und erforschen, wie das alles funktioniert.

11 – Schlussbetrachtungen und Ausblick

Wir sind bereits am Ende unserer Reise angelangt. Es war ein langer Weg. Dabei hast du Theorien kennen gelernt. Daneben bist du aber auch vielen Stationen in meinem Leben begegnet, die dich vielleicht an eigene Erfahrungen erinnert haben. Gleichzeitig habe ich versucht, dir Einblick in mein inneres Erleben zu gewähren. All dies hatte den Zweck, dir zu helfen, dich an deine wahre Natur und an deine geistige Heimat zu erinnern. Ich hoffe, dass diese Lektüre dich in deinen Bemühungen ein kleines Bisschen weiter gebracht hat.

Bei uns allen ist der Rückbesinnungsprozess noch längst nicht abgeschlossen. Wir werden also weiter forschen. Wenn du magst, nehme ich dich auf eine nächste Reise mit, und zwar in Band 4. Dabei werden wir ein Lebensprinzip unter die Lupe nehmen, das meines Erachtens einer der wichtigsten und kraftvollsten Mechanismen ist, den wir als Seelen- sowie als irdische Wesen nutzen. Konkret spreche ich hier von der Kraft des Fokus. Wie diese Kraft genau wirkt und weshalb ich sie als so wichtig erachte, werde ich dir im folgenden Buch gerne mitteilen.

Bis dahin wünsche ich dir, lieber Leser, auf deiner eigenen Suche eine erfolgreiche Zeit mit vielen neuen Einsichten und gutem Gelingen. Bis hoffentlich bald!

Anhang

A. Glossar

Aura	Dies ist die Bezeichnung für unsere Energiekörper. Dabei handelt es sich um feinstoffliche Körper, die für manche Menschen als leuchtende Erscheinung rund um den physischen Körper sichtbar sind.
Aura Soma	Aura Soma bezeichnet ein Farbsystem, das u.a. dazu dient, sich selbst besser kennen zu lernen. Es besteht aus einer grossen Sammlung von farbigen Essenzen in Flaschen. Jede dieser farbigen Flaschen steht für gewisse Energie-Qualitäten. Indem wir mit diesen Essenzen arbeiten, können wir entsprechende Energien in uns harmonisieren.
Chakra	Das Wort Chakra bezeichnet subtile Energiezentren zwischen dem materiellen und dem feinstofflichen Körper. Bekannt sind vor allem sieben Chakren, welche als Hauptchakren bezeichnet werden. Sie befinden sich entlang der Wirbelsäule.
I-Ging	I-Ging ist eine Sammlung von Weisheitssprüchen, welche aus uralten chinesischen Quellen stammen. Zu ihrem Ursprung gibt es mehrere Theorien. In der heutigen Form wird es vor allem als Buch der Weisheit sowie als Basis für Orakel benützt.
Karma	Die Karma-Lehre ist ein spirituelles Konzept, nach dem jede Handlung – physisch wie geistig – unweigerlich eine Folge hat. Diese Folge muss nicht unbedingt im gegenwärtigen Leben wirksam werden, sondern sie kann sich möglicherweise erst in einem zukünftigen Leben manifestieren.

Kinesiologie	Kinesiologie ist eine Methode, um Blockaden im Energie- und Körpersystem abzubauen. Dadurch können die Gesundheit und das Wohlbefinden sowie die Leistungsfähigkeit verbessert werden.
Puja	In der Puja (sprich „putscha") wird das Göttliche in Form einer Statue aus Metall oder anderen Materialien oder auch nur aus einem bunten Emblem wie z.B. einem Lingam (Symbol für Shiva) oder Dreizack (ebenfalls Symbol für Shiva) verehrt. Sehr verbreitet ist auch die Anbetung des Göttlichen in bestimmten Pflanzen oder in einem Krug Wasser. Zur Verehrung dienen u.a. geweihtes Wasser, Licht und Schmuckgegenstände, mit denen die Gottheit in Demut gewaschen, geehrt und geschmückt wird. Opfergaben wie Blumen, Reis, Milch und geheiligte Speisen (Prasad) gehören als Zeichen der Dankbarkeit und Ehrerbietung zu jeder Puja. Sie werden der Gottheit während des Rituals dargebracht.
Tarot-Karten	Tarot besteht aus einem Kartensatz von 78 Stück. Diese werden vor allem zum Wahrsagen verwendet.

B. Sri Ganapathi Sachchidananda Swamiji

Auszug aus der Internetseite *www.dyc.ch*

„Sri Swamiji wurde am 26. Mai 1942 in Südindien geboren und fiel schon als Kind durch seine besonderen Begabungen auf. Als Junge veranstaltete er Treffen mit seinen Schulfreunden und hielt diese an, mit ihm Lieder zur Preisung Gottes zu singen, sogenannte Bhajans.

Sein Lehrer, respektive seine Lehrerin war seine eigene Mutter, selbst eine geistig überdurchschnittlich begabte Frau. Sie ihrerseits hatte zwei Lehrer: einen Yogi der hinduistischen Tradition, … und einen muslimischen Fakir. Sie vermittelte ihrem Sohn die wesentlichen Erkenntnisse und bereitete ihn auf seine große Lebensaufgabe vor. Sie starb, als der Junge gerade erst elf Jahre alt war.

Nach langen Wanderjahren, Aufenthalten bei Verwandten und Begegnungen mit weiteren Lehrern gründete Sri Swamiji 1966 den Ashram in Mysore. Damals noch eine Wildnis, wurde daraus über die Jahre hinweg ein großes Zentrum mit Tempeln und Bauten von beachtlichem architektonischem und künstlerischem Wert.

Mit unermüdlichem Einsatz ist es Sri Swamiji gelungen, innerhalb von ca. 30 Jahren einen sehr gepflegten Ort der Einkehr und des Friedens 'aus dem Nichts' zu erschaffen. Gleichzeitig hat er viele soziale Werke ins Leben gerufen, allen voran das gemeinnützige Spital im Ashram selbst, Primar- und Sekundar-Schulen für mittellose Kinder in der Stadt Mysore, Heime für benachteiligte Frauen und für Behinderte in anderen Gebieten Indiens.

Sein Wirken hat sich auf das ganze Land Indien und über die Kontinente hinweg erstreckt. Entsprechend sind unter seiner Führung weltweit Zentren entstanden, die die spirituellen und sozialen Aktivitäten gemäß seiner Lehre unterstützen."

„Sri Swamiji ist im Westen durch seine Musik, Seminare und Lehrtätigkeit bekannt. In Indien wird er als großer Yogi und Meister verehrt, der die alte vedische Tradition pflegt und täglich praktiziert. Als Hindu aufgewachsen, befolgt er die religiösen Disziplinen seines kulturellen Umfeldes, lehrt jedoch, dass es viele Wege gibt, um das Heil zu erlangen und respektiert alle Religionen und Menschen der verschiedenen Glaubensrichtungen gleichsam. Sri Swamiji vermittelt einen wesentlichen Teil seiner Botschaft durch seine Musik, aber auch durch Kurse und Seminare, wie Kriya-Yoga und Vedanta (den 'Advaita-Vedanta' = die philosophische Lehre der 'Nicht-Zweiheit'). Er ermutigt die Menschen, ihre eigene Tradition zu schätzen und sich gleichzeitig auf die wesentlichen Werte im Leben zu besinnen. Er strahlt die wohltuende Ruhe und von Mitgefühl getragene Kraft eines erleuchteten Meisters aus, der im Zustand vollkommenen Bewusstseins ist."

Sri Swamiji sagt über sich selbst:
'Swamiji ist wie ein Stock, mit dessen Hilfe ihr einen Berg erklimmen könnt. Wenn ihr oben angelangt seid, vergesst nicht, den Stock hinunter zu werfen, für die anderen, die unten warten.'

C. Literaturverzeichnis

Brunton Paul. Verschiedene Werke, vergriffen oder nur noch in englischer Sprache erhältlich.
Enders Giulia (2014). *Darm mit Charme*. Ullstein.
Krishnamurthy Kuppa Venkata (1995): *Spiegel des Absoluten*. Berlin: Theseus-Verlag. Kann auch über das Datta Yoga Centers Schweiz oder Deutschland (s. unten) bezogen werden.
Newton Michael (1996). *Die Reisen der Seele*. Wettswil: Astrodata.
Newton Michael (2001). *Die Abenteuer der Seelen*. Wettswil: Astrodata
Piaget Jean. Verschiedene, heute zumeist vergriffene Werke.
Roberts Jane (1986). *Das Seth-Material*. Genf, München: Ariston Verlag.
Roberts Jane (1985). *Die Natur der persönlichen Realität*. Genf: Ariston Verlag.
Roberts Jane (1995). *Die Natur der Psyche*. Kreuzlingen, München: Heinrich Hugendubel Verlag.
Roberts Jane (1976). *Dialog der Seele*. München: Goldmann Verlag.
Roberts Jane (1972). *Gespräche mit Seth*. Genf: Ariston Verlag.
Roberts Jane (1989). *Seth und die Wirklichkeit der Psyche, Band 1*. München: Goldmann Verlag.
Roberts Jane (1989). *Seth und die Wirklichkeit der Psyche, Band 2*. München: Goldmann Verlag.
Sarasin Susanna (2014): *Gute Reise, liebes Seelenkind*. Bezugsmöglichkeiten s. Anhang D.
Sarasin Susanna (2014): *Lerne verstehen, liebes Seelenkind*. Bezugsmöglichkeiten s. Anhang D.

Über das Datta Yoga Center Schweiz oder Deutschland zu beziehen (www.dyc.ch oder www.dycgermany.de) zu beziehen:

Wunder seiner Heiligkeit. Berichte von Swamijis Anhängern aus Nord-Amerika.

Geschenkte Erfahrungen. Berichte von Swamijis Anhängern aus Deutschland und der Schweiz.

D. Bände 1 und 2

Gute Reise, liebes Seelenkind. Band 1
Wer bin ich?
Wer bist du?
Weisst du vielleicht eine Antwort auf diese Fragen? Dann weisst du mehr als ich. Aber ich lerne täglich unter der Obhut meines geliebten Lehrers Sri Ganapathi Sachchidananda Swamiji. Eines Tages kann ich vielleicht sagen: Jetzt habe ich es begriffen. Bis dann gehe ich unbeirrt meinen Weg und teile das, was ich schon weiss, mit denen, die es hören wollen. Du bist herzlich eingeladen, mich ein Stück weit auf meinem Lebensweg zu begleiten und an meinen Erkenntnissen teil zu haben. Dabei wirst du ziemlich sicher Parallelen in deinem Leben finden und dadurch die eigene Geschichte besser verstehen lernen.

Lerne verstehen, liebes Seelenkind. Band 2
Müssen wir wirklich bestimmte Dinge einfach GLAUBEN, wenn wir uns in spirituelle Bereiche begeben? Ich ziehe es aber eindeutig vor, zu WISSEN. Zudem bin ich überzeugt davon, dass effektiv die Möglichkeit besteht, durch geduldiges Forschen an Wissen heranzukommen, das uns viele bisher rätselhafte Phänomene erklärt.

Dieses Büchlein wendet sich an Personen, die mit entsprechenden Forschungen beginnen möchten bzw. bereits begonnen haben. Es liefert erste und einfachste Grundlagen, um ein Verständnis für unser Sein aufzubauen. Dadurch ermöglicht es dem Leser, eigene Erfahrungen und Beobachtungen einzuordnen und in der Folge immer mehr von sich und der Welt zu begreifen.

Beide Bücher sind nicht im Buchhandel erhältlich. Sie können unter folgender Adresse bezogen werden:
Susanna Sarasin
Olivenweg 12
CH-3018 Bern
ssarasin@sunrise.ch